KB055203

02
Abnormal Psychology

우울증

권석만 지음

_ 침체와 절망의 늪

학지사

'이상심리학 시리즈'를 내며

21세기를 살아가는 우리는 급격한 변화와 치열한 경쟁으로 이루어진 현대사회에 적응해야 하는 커다란 심리적 부담을 안고 있다. 이러한 현실 속에서 현대인은 여러 가지 심리적 문제와 장애에 직면하게 될 가능성이 높다.

정신건강에 대한 사회적 관심이 증대되면서, 이상심리나 정신장애에 대해서 좀 더 정확하고 체계적인 지식을 접하고자 하는 사람들이 늘어나고 있다. 그러나 막상 전문서적을 접하게 되면, 난해한 용어와 복잡한 체계로 인해 쉽게 이해하기 어려운 것이 현실이다.

이번에 기획한 '이상심리학 시리즈'는 그동안 소수의 전문가에 의해 독점되다시피 한 이상심리학에 대한 지식을 일반 독자들에게 소개하기 위한 것이다. 이를 위해서 다양한 정신장애에 대한 최신의 연구 내용을 가능한 한 쉽게 풀어서 소개하려고 노력하였다.

'이상심리학 시리즈'는 서울대학교 심리학과 임상·상담 심리학 교실의 구성원이 주축이 되어 지난 2년간 기울인 노력의 결실이다. 그동안 까다로운 편집 지침에 따라 집필에 전념해준 집필자 모두에게 감사드린다. 아울러 어려운 출판 여건에도 불구하고 출간을 지원해주신 학지사 김진환 사장님과 한 권 한 권마다 좋은 책이 될 수 있도록 성심성의껏 편집을 해주신 편집부 여러분에게 고마움을 표한다.

인간의 마음은 오묘하여 때로는 "아는 게 병"이 될 수 있다. 그러나 이러한 우려보다는 "아는 게 힘"이 되어 보다 성숙하고 자유로운 삶을 이루어나갈 수 있는 독자 여러분의 지혜로움을 믿으면서, '이상심리학 시리즈'를 세상에 내놓는다.

2000년 4월
서울대학교 심리학과 교수
원호택, 권석만

2판 머리말

 '이상심리학 시리즈' 30권과 함께『우울증』을 출간한 지 어느새 15년여의 세월이 흘렀다. 그동안 세상도 많이 변하고 이상심리학 분야에도 많은 발전이 있었다. 특히 2013년에는 정신장애의 대표적 분류체계인 DSM-IV가 20년 만에 DSM-5로 개정되었다. DSM-5에서는 정신장애가 20개 범주로 새롭게 분류되었고, 세부장애의 소속과 진단기준이 변경되는 등 대폭적인 변화가 있었다. 이러한 변화를 반영하기 위해서 '이상심리학 시리즈' 개정작업이 진행되었으며 그 일환으로『우울증』도 개정을 하게 되었다.

 우울증의 경우에도 DSM-5에서 상당한 변화가 있었다. 우울장애가 양극성 장애와 별개의 장애범주로 분리되었으며 그 하위장애와 진단기준도 많은 부분이 새롭게 개정되었다. 이번『우울증』개정판에서는 우울증의 진단체계에 대한 DSM-5의 변화를 반영했을 뿐만 아니라 우울증의 원인과 치료방법에

대한 최근의 성과를 소개하려고 노력하였다. 비록 작은 책이
지만 이 책을 통해서 우리 사회에 만연된 우울증을 이해하고
극복하는 계기가 되기를 소망한다.

2016년

권석만

차 례

'이상심리학 시리즈'를 내며 _ 3

2판 머리말 _ 5

1 우울증이란 무엇인가 —— 13

1. 인생의 늪, 우울증 _ 15

2. 우울증의 주요 증상 _ 23

  1) 정서적 증상 / 23

  2) 인지적 증상 / 24

  3) 행동적 증상 / 25

  4) 신체생리적 증상 / 26

3. 우울증의 하위유형 _ 28

  1) 정상적 우울과 병적 우울 / 28

  2) 단극성 우울증과 양극성 우울증 / 31

  3) 외인성 우울증과 내인성 우울증 / 32

  4) 신경증적 우울증과 정신증적 우울증 / 33

4. DSM-5의 우울장애와 하위유형 _ 35

1) 주요 우울장애 / 35

2) 지속성 우울장애 / 37

3) 월경전기 불쾌장애 / 38

4) 파괴적 기분조절곤란 장애 / 39

5) 신체적 질병에 의한 우울장애 / 40

5. 우울증의 발생률 _ 41

1) 우울증은 매우 흔한 심리적 장애다 / 41

2) 우울증은 여자에게 더 흔하다 / 42

3) 우울증은 청소년기에 증가한다 / 44

4) 우울증은 자살의 원인이 될 수 있다 / 46

5) 우울증은 재발할 수 있다 / 47

6. 우울증의 자가진단 _ 48

2 우울증은 왜 생기는가 ── 51

1. 우울증의 원인에 대한 이론들 _ 53

1) 정신분석 이론 / 54

2) 행동주의 이론 / 55

3) 인지 이론 / 56

4) 생물학적 이론 / 57

2. 우울증을 촉발하는 생활사건 _ 59

1) 주요생활사건 / 60

2) 경미한 생활사건 / 61

3) 사회적 지지의 결여 / 62

3. 정신분석 이론 _ 65

　1) 프로이트의 견해 / 65

　2) 아브라함의 견해 / 66

　3) 기타 정신분석학자의 견해 / 68

4. 행동주의 이론 _ 70

　1) 학습 이론적 설명 / 70

　2) 레빈슨의 설명 / 72

　3) 코인의 설명 / 75

5. 학습된 무기력 및 귀인 이론 _ 77

　1) 학습된 무기력 이론 / 77

　2) 우울증의 귀인 이론 / 79

　3) 무망감 이론 / 84

6. 인지 이론 _ 86

　1) 부정적인 자동적 사고 / 87

　2) 인지적 오류 / 93

　3) 역기능적 신념 / 104

7. 자기개념과 우울증 _ 112

　1) 자기개념의 구조 / 112

　2) 현실적 자기와 이상적 자기의 괴리 / 115

　3) 자기기억의 구조 / 119

　4) 우울증의 정보그물망 이론 / 121

8. 우울증의 신체적 원인 _ 126

　1) 유전적 요인 / 126

　2) 뇌의 신경화학적 요인 / 128

　3) 기타 신경생리적 요인 / 130

3 우울증을 어떻게 치료할 것인가 —— 133

1. 우울증의 다양한 치료방법 _ 135
1) 인지치료 / 136
2) 정신역동적 치료 / 141
3) 행동치료 / 146
4) 인본주의적 치료 / 148
5) 약물치료와 그 밖의 물리적 치료 / 150

2. 우울증 자가치료의 출발점 _ 154
1) 우울증은 분명히 치유될 수 있다 / 155
2) 우울증, 나는 이렇게 극복했다: 내담자 회고담 / 156
3) 우울증은 오히려 성숙의 계기가 될 수 있다 / 160

3. 우울증의 악순환에서 벗어나기 _ 162

4. 부정적 사고 바꾸기 _ 167
1) 부정적 사고 자각하기 / 167
2) 부정적 사고의 정당성 살펴보기 / 178
3) 긍정적인 대안적 사고 발견하기 / 182

5. 역기능적 신념 바꾸기 _ 192
1) 우울증의 근원, 역기능적 신념 / 192
2) 역기능적 신념 찾아내기 / 195
3) 역기능적 신념의 주요 내용 / 198
4) 유연하고 합리적인 신념으로 전환하기 / 200

6. 자기대화를 통한 우울증 이겨내기 _ 205
  1) 부정적인 혼잣말과 긍정적인 혼잣말 / 206
  2) 건강한 자아와 병적 자아의 대화 / 208
  3) 효과적인 긍정적 자기대화 / 212

7. 우울한 기분 벗어나기 _ 215
  1) 기분 전환하기 / 216
  2) 즐겁고 유쾌한 활동하기 / 217
  3) 자기문제 털어놓기 / 218
  4) 약물치료 / 219

8. 행동 변화를 통한 우울증 이겨내기 _ 220
  1) 사회적 기술의 향상 / 221
  2) 문제해결 기술의 개선 / 223
  3) 자기조절 기술의 증진 / 225

9. 사회적 자원 활용하기 _ 228
  1) 주변 사람들의 도움 받기 / 229
  2) 정신건강 전문가의 도움 받기 / 232

참고문헌 _ 234
찾아보기 _ 237

우울증이란
무엇인가

1. 인생의 늪, 우울증

2. 우울증의 주요 증상

3. 우울증의 하위유형

4. DSM-5의 우울장애와 하위유형

5. 우울증의 발생률

6. 우울증의 자가진단

1. 인생의 늪, 우울증

사노라면 뜻한 모든 일이 잘 풀려 행복하다고 느낄 때가 있다. 오랜 노력 끝에 열망했던 일이 성취되었을 때 또는 좋아하는 사람으로부터 사랑을 확인했을 때, 우리는 기쁨과 행복감을 느낀다. 이때 우리는 자신이 가치 있는 존재로 여겨지고, 세상이 아름답게 보이며, 미래에 대한 희망으로 가득 차게 된다. 그래서 즐겁고 신바람 나는 활기찬 삶을 살아가게 된다.

그러나 이렇게 행복한 삶이 늘 계속되는 것은 아니다. 우리는 누구나 삶 속에서 실패와 상실의 아픔을 경험하게 된다. 큰 뜻을 품고 많은 노력을 기울인 일들이 참담한 실패로 끝나기도 하고, 애정을 느끼며 종사해왔던 직장으로부터 실직을 당하는 아픔을 경험하기도 한다. 또는 사랑을 얻고자 소망했던 사람으로부터 뼈아픈 거절을 당하기도 하고, 의지해왔던 소중한 사람을 멀리 떠나보내야 하는 이별의 아픔을 경험하기도 한다.

　이러한 일을 당하게 되면 불행감이 밀려들면서 인생이 암울하게 느껴진다. 자신이 열등하고 비참하게 여겨지고, 삶이 매우 힘겹고 고통스럽게 느껴지며, 미래에 대한 비관적인 생각들이 밀려들어 침울하고 슬픈 기분에 휩싸이게 된다. 일상생활에서도 전혀 즐거움을 느낄 수 없으며, 흥미나 의욕이 저하되어 아무것도 하기 싫은 무기력한 상태에 빠져들게 된다. 따라서 학업이나 직업활동이 부진해지고 대인관계 역시 위축되어 삶이 더욱 힘겹게 느껴진다. 더욱이 이런 인생의 수렁에서 결코 헤어날 수 없을 것 같은 절망적인 생각에 휩싸이게 되어 극단적인 경우에는 자살을 시도하게 된다.

　이처럼 인생의 고통스러운 시련을 겪을 때 흔히 우리에게 찾아드는 것이 우울증이다. 우울증은 누구나 삶의 여정에서 빠져들 수 있는 '인생의 늪'이라고 할 수 있으며, '심리적 감기'라고 할 만큼 매우 흔한 심리적 문제다. 누구나 인생의 시련기에 경험할 수 있는 심리적 좌절 상태다. 그러나 우울증은 자살과 같이 치명적인 결과를 초래할 수 있는 심각한 심리적 장애이기도 하다. 우울증의 구체적인 이해를 위해서 먼저 몇 가지 사례를 살펴보기로 한다.

　　대학교 1학년 학생인 K군은 요즘 아침에 눈을 뜨면 무거

운 마음이 밀려온다. 학교에 가서 하루하루 생활하는 것이
너무 괴롭고 힘들기 때문이다. K군은 고등학교 시절까지만
해도 학교에서 주목받는 우수한 모범생이었다. 그러나 대학
에 진학하고 나서 K군은 자신이 인간적 매력도 없고 능력도
없는 못나고 열등한 존재라는 생각을 지울 수가 없었다.

다소 내성적인 K군은 입학 초기에 친구를 사귀는 데 적
극적이지 못했다. 고등학교 때에는 특별히 노력하지 않아도
공부를 잘했던 K군에게 친구들이 먼저 다가오곤 했었다.
그러나 대학에서는 K군을 주목하고 다가오는 친구가 아무
도 없었고, K군 역시 친구를 사귀기 위해 적극적인 노력을
기울이지 않았다.

이렇게 몇 달을 생활하다 보니 K군은 외톨이가 되었다.
다른 학생들은 삼삼오오 어울려 다니며 강의도 듣고, 점심
도 같이 먹고, 같이 공부도 하는데, K군은 함께 어울릴 친구
가 없어 늘 혼자 다니게 되었다. 이러다 보니 K군의 하루는
학교에 나와 혼자 강의를 듣고 캠퍼스와 도서관을 배회하다
집에 돌아가는 외롭고 재미없는 생활이 반복되었다. 학교에
나오면 자신을 반겨주고 함께 어울릴 친구가 없었다. 또 K
군은 자신이 혼자 다니는 모습을 같은 학과 학생들이 보면
이상하게 생각할 것 같아 늘 피해 다녔다.

이런 상태에서 생활하는 K군에게 학교에 오는 일은 고통

스럽고 괴로운 일이었다. K군은 점차 학교에 가지 않는 날이 늘어났고, 학업성적도 나빠졌으며, 대인관계도 점점 위축되어갔다. 그 결과 K군은 자신이 무능할 뿐만 아니라 다른 사람과 어울리지도 못하는 못난 존재라는 생각에 휩싸이게 되었고, 급기야 이렇게 대학을 다닐 바에는 차라리 자퇴를 하는 것이 낫겠다고 생각하게 되었다.

30대 후반인 주부 L씨는 요즘 매사에 의욕이 없고 무기력해져서 집안살림을 하는 것도 매우 힘든 상태다. 안정된 직장에 다니는 남편과 무럭무럭 자라는 두 아들이 있는 L씨를 주변에서는 행복하겠다고 부러워하지만, 실상 L씨는 자신의 삶이 불행하다는 느낌을 지울 수가 없다.

명문 여대를 졸업하고 한때 유망한 직장에서 사회생활을 하기도 했던 L씨는 중매로 현재의 남편을 만나 결혼하게 되었고 두 아들을 낳아 한때 행복한 생활을 하기도 했었다. 전근이 잦은 남편의 직업 때문에 직장생활을 청산하고 두 아들을 기르면서 집안살림에 재미를 붙여 여유 있고 행복한 생활을 했었다.

그런데 언제부터인가 매일 쳇바퀴처럼 돌아가는 자신의 일상생활이 무의미하게 느껴졌고, 자신이 점차 무능력하고 무가치한 존재로 전락해간다는 생각이 들기 시작했다. 한때

오붓한 애정을 나누던 남편은 진급을 하면서 점점 더 직장
일이 바빠져서 저녁 늦게 귀가하는 날들이 늘어났다. 토끼
처럼 귀엽게 자신을 따르던 두 아들도 중학교에 올라가면서
각자의 생활에 바빴고 예전같이 엄마를 따르지도 않았다.
뿐만 아니라, 집안에서 남편과 아들이 무심코 던진 말들이
자꾸만 자신을 무시하는 것같이 느껴졌다.

　이대로 집안에 눌러앉을 수만은 없다고 생각한 L씨는 멀
리하던 동창회에 나가보기도 했지만, 서로 자신을 내세우
는 경쟁적인 대화가 혐오스럽게 느껴졌고, 직장생활에서 성
공한 친구들 사이에서 오히려 자신이 초라하다는 느낌만 받
게 되었다. 뒤늦게라도 직장생활을 해보려고 일자리를 알아
보았지만, 30대 후반이라는 나이에 할 수 있는 일이 없었으
며 그동안의 공백이 너무 크다는 것을 느끼게 되었다. L씨
는 이제 자신이 가정에서도 무가치한 존재가 되어버렸고,
사회에서도 무능한 존재로 전락해버렸다는 생각을 지울 수
가 없었다. 자신이 마치 헤어날 수 없는 깊은 수렁에 빠졌다
는 느낌이 들면서 불행감과 좌절감이 밀려왔으며 무기력감
에 빠져들게 되었다.

　명문 대학의 대학원생으로 졸업논문을 준비하고 있는 S
양은 대학원에 진학할 때까지는 매우 우수한 학생이었다.

초등학교 시절부터 대학원에 진학하기까지 학업성적은 늘 최상위권에 속했으며 입학시험에서 한 번도 실패한 적이 없이 승승장구하던 학생이었다. 대인관계도 대체로 원만하였으며 대학원 졸업 후 취업하여 유능한 여성으로서 멋진 사회생활을 계획하고 있었다. 이 당시만 해도 S양은 대학원에서 졸업논문을 제때 쓰지 못하고 전전긍긍하며 졸업이 지체되는 선배들을 이해하기 어려웠으며 속으로는 그들의 능력 부족을 탓하기도 했었다.

이러한 S양이 나름대로 열심히 준비한 학위논문 계획안을 발표했을 때, 심사교수 대부분이 관련 문헌에 대한 정리가 체계적이지 못하고 창의성이 부족하므로 한 학기 더 준비하라는 결정을 내렸다. 이 결정은 S양에게 커다란 충격이었다. 스스로 유능하다고 생각했던 자존심에 커다란 상처를 입게 되었다. 이러한 충격 속에서도 S양은 다음 학기를 기약하며 논문 준비를 다시 시작하였다. 그러나 논문 준비가 뜻대로 잘 되지 않았다. 많은 관련 문헌을 수집하여 읽고 소화하여 새로운 연구 주제를 찾아내야 하는데, 생각이 정리되지 않고 창의적인 생각도 잘 떠오르지 않으면서 자신감을 잃게 되었다.

이런 과정에서 S양의 머릿속에는 자신에 대한 부정적인 생각들이 떠오르기 시작했다. '그동안 스스로 똑똑하다고 생각했던 것이 커다란 착각이었어. 주어진 내용을 암기하고 문제에 답하는 기계적인 공부는 잘했는지 모르지만, 연구 내용을 체계적으로 정리하고 창의적인 아이디어를 내야 하는 학문적 능력은 너무나 부족해. 이러다가 졸업을 못할지도 몰라.' 이렇듯 부정적인 생각이 머리를 떠나지 않았고, 잠자리에 누워도 이런 생각에 잠을 이룰 수가 없었다.

발표 시기는 다가오는데 논문 준비는 잘 되지 않고 "논문이 어떻게 되어 가느냐?"고 묻는 친구들이 부담스럽게 느껴졌다. '이렇게 헤매는 나를 속으로 비웃을 거야.' 이런 생각이 드니까 사람을 만나기가 싫어졌고 그로 인해 학교에 나오는 횟수도 줄어들었다. 논문계획안을 빨리 준비하라는 지도교수도 부담스러워 자꾸 피하게 되었다. S양의 표정은 점점 어두워져 갔고 거의 매일 밤 불면에 시달리며 식욕을 잃어 몸은 점점 말라만 갔다.

S양의 머릿속에는 점점 비관적이고 회의적인 생각이 증폭되어갔다. '이제 정말 졸업도 못하고 취직도 못하는 무능한 사람이 되는구나. 나를 공부 잘하는 똑똑한 모범생으로 알고 있는 친척이나 주변 사람들이 나를 어떻게 생각할까? 남들 다 쓰는 졸업논문도 못 쓰고 취업도 못하고 있는 나를 얼마나 비웃을까? 큰 기대를 걸고 있는 부모님은 얼마나 실망하실까?' 이런 생각에 사로잡힌 S양은 자신감

을 완전히 잃게 되었고 최악의 상황이 점점 현실로 다가 오는 느낌이 들었다. 실직자가 되어 방구석에서 빈둥거리 며 밥그릇이나 비워대는 무기력한 자신의 모습이 자꾸만 떠올랐다.

이러한 절망감에 번민하던 S양은 어느 날 동네 뒷산 후미 진 곳에서 수면제를 먹고 자살을 시도하였다. 마침 새벽 일 찍 산에 오르던 등산객이 신음하고 있는 S양을 발견하고 병 원으로 옮겨 생명을 건질 수 있었지만, 의식을 회복한 S양 은 자신을 구해준 그가 오히려 원망스러웠다. 절망스러운 상황은 아무것도 변하지 않았기 때문이었다.

이상의 사례에서 살펴보았듯이, 우울증은 다양한 계기로 인해 발생할 수 있으며 또한 다양한 형태로 나타날 수 있다. 이러한 우울증은 인생의 여정에서 누구나 빠질 수 있는 인생 의 늪이다. 어떤 사람은 우울증의 늪에서 지혜롭게 헤어나와 오히려 심리적인 성숙의 계기로 승화시키는 반면, 어떤 사람 은 점점 더 깊은 늪 속으로 빠져들어 인생의 파탄을 초래하고 심하면 자살로 생을 마감하기도 한다. ◆

2. 우울증의 주요 증상

우울증은 심리장애로서 여러 가지 증상의 복합체이며, 사람에 따라 매우 다양한 형태로 다양한 심리적 영역에서 증상이 나타난다. 우울증의 주요 증상을 정서적 · 인지적 · 행동적 · 신체생리적 영역으로 나누어 살펴보기로 한다(권석만, 2013).

1) 정서적 증상

우울증은 일차적으로 기분의 장애다. 기분mood은 지속적인 정서 상태를 뜻하며 일시적인 감정 상태와는 구별된다. 즉, 우울증은 우울한 기분이 지속되는 상태를 뜻한다. 구체적으로 우울한 기분은 슬픔을 비롯하여 좌절감, 불행감, 죄책감, 공허감, 고독감, 무가치감, 허무감, 절망감 등 불쾌하고 고통스러운 정서 상태를 의미한다.

우울증의 핵심 정서는 슬픔이다. 슬픔은 자신의 중요한 일부를 상실했을 때 느끼는 정서다. 우울증 상태에서는 슬픔과 상실감으로 인해 서럽고 침체된 기분이 지속되며, 눈물을 흘리며 울기도 한다. 아울러 실패와 관련된 좌절감으로 괴로워하며, 때로는 자신의 잘못에 대한 죄책감과 자책감에 시달릴 수도 있다. 자신이 무가치하고 인생이 허무하다는 느낌과 더불어 암담한 미래에 대한 절망감이 밀려들게 된다. 또 의지할 사람이 아무도 없이 홀로 떨어져 있는 듯한 고독감과 외로움도 느끼게 된다.

우울한 기분이 극도로 심한 경우에는 무표정하고 무감각한 정서 상태로 나타날 수도 있다. 또한 아동이나 청소년의 경우에는 분노 감정이나 불안정하고 과민한 기분 상태가 동반되어 우울 증상이 나타나기도 한다.

이러한 우울한 기분과 더불어 삶에 대한 동기와 욕구가 저하되어 흥미와 즐거움이 없어져 매사가 재미없고 무의미하게 느껴지며, 생활도 침체되고 위축된다.

2) 인지적 증상

우울 상태에서는 부정적이고 비관적인 생각이 증폭된다.

우선 자신이 무능하고 열등하며 무가치한 존재로 여겨지는 자기비하적인 생각을 떨치기 어렵다. 또한 타인과 세상은 비정하고 적대적이며 냉혹하다고 생각한다. 따라서 산다는 것이 참으로 힘겹고 버거운 일로 여겨지며, 미래가 비관적이고 절망적으로 보인다. 아울러 인생에 대해 허무주의적인 생각이 증가되어 죽음과 자살에 대한 생각을 자주 하는 경향이 있다. 때로는 자신이 죄를 지었다는 비현실적인 죄책망상적 사고나 다른 사람에 의해 박해를 받고 있다는 피해망상적 사고가 나타날 수도 있다.

아울러 인지적 기능에도 여러 가지 변화가 나타난다. 평소와 달리 주의집중이 잘 되지 않고 기억력이 저하되며, 판단에도 어려움을 겪게 되어 어떤 일에 결정을 내리지 못하고 우유부단한 모습을 보이게 된다. 이러한 사고력의 저하로 인해 자신의 능력을 발휘하지 못하고 학업이나 직업활동에 어려움을 겪게 된다.

3) 행동적 증상

우울 상태에서는 행동상에 여러 가지 변화가 일어난다. 우울한 사람은 어떤 일을 시작하는 데에 어려움을 겪어 해야 할 일을 자꾸 미루고 지연시키는 일이 반복된다. 또한 활력과 생기가 저하되어 아침에 잘 일어나지 못하고, 쉽게 지치며, 자주 피곤함을 느끼게 된다. 즐거운 활동에도 흥미를 잃고, 긍정적 보상에 주의를 기울이지 못하기 때문에 사회적 활동을 회피하여 위축된 생활을 하게 된다.

우울한 사람은 대개 수면에 어려움을 겪는데, 흔히 불면증이 나타나서 거의 매일 잠을 이루지 못하거나 수면 중에 자주 깨어나게 된다. 때로는 반대로 과다수면증이 나타나 평소보다 훨씬 많은 시간을 자거나 졸음을 자주 느끼고 아침에 일어나지 못하는 경우도 있다.

행동과 사고도 느려지고, 활기가 감소하여 행동거지가 둔해지며, 처지게 된다. 따라서 일을 신속하게 처리하지 못하고, 지연시키며, 활동량이 현저하게 감소한다. 때로는 초조하고 좌불안석하는 불안정한 행동을 나타내기도 한다. 심한 경우에는 자학적인 행동이나 자살시도를 할 수 있다.

4) 신체생리적 증상

우울 상태에서는 여러 가지 신체생리적인 변화가 나타난다. 우선 식욕과 체중에 변화가 나타날 수 있다. 흔히 식욕이 저하되어 체중이 현저하게 감소하는 경우가 많지만, 이와 반대로 식욕이 증가하여 갑자기 살이 찌는 경우도 있다. 또한 이들은 피곤함을 많이 느끼고 활력이 저하되며, 성적인 욕구나 성에 대한 흥미가 감소한다. 소화불량이나 두통과 같은 신체적 증상을 나타내고 이러한 증상에 집착하는 경우도 있다. 그리고 면역력이 저하되어 감기와 같은 전염성 질환에 쉽게 걸리고, 한 번 걸리면 오래 가는 경향이 있다. ◆

3. 우울증의 하위유형

우울증은 증상의 강도, 지속되는 기간, 증상의 양상이나 패턴, 원인적 요인에 따라 다양한 하위유형으로 구분될 수 있다 (권석만, 2013).

1) 정상적 우울과 병적 우울

우리는 누구나 생활 속에서 크고 작은 실패와 상실을 경험하게 되며 그 결과 일시적으로 우울한 기분에 젖게 된다. 그리고 대부분은 잠시 시간이 지나면 우울한 기분에서 벗어나 다시 정상적인 삶으로 돌아가게 된다. 이처럼 좌절을 경험한 후에 일시적으로 경미한 우울 기분을 느끼는 것은 매우 정상적이며 또한 자연스러운 일이기도 하다. 그러나 항상 우울한 상태에서 쉽게 회복되는 것은 아니며 때로는 점차 악화되어 전

문적인 치료를 받아야 하는 병적인 우울 상태로 발전하기도
한다.

우울함은 기본적으로 실패와 상실에 대한 심리적 반응이
라고 할 수 있다. 그렇다면 정상적인 우울 상태와 병적인 우
울 상태는 어떻게 다르며 어떻게 구분할 수 있는가? 정상적인
우울과 병적인 우울은 다음과 같이 몇 가지 점에서 구분될 수
있다.

(1) 우울한 상태의 강도 또는 심각도

우리는 누구나 살아가면서 크든 작든 좌절과 실패를 경험
하게 되고 우울한 기분을 느끼게 된다. 병적인 우울은 정상
적 우울에 비해서 우울 증상이 현저하게 강력하고 광범위하
게 나타난다. 즉, 병적인 우울에서는 우울한 기분의 강도가
훨씬 강하고 다양한 우울 증상이 나타난다. 자신은 무능하
고 열등하며 무가치하다는 생각이 확고하며, 일상생활에 대
한 흥미, 의욕, 활력도 현격하게 감소한다. 아울러 식욕감퇴
나 불면증이 심하게 나타나고, 자살에 대한 생각을 할 뿐만
아니라 실제로 자살시도를 하기도 한다.

(2) 우울한 상태가 지속되는 기간

누구나 실패나 좌절을 경험하면 일시적으로 우울한 기분을

경험하지만, 일정한 기간이 지나면 이런 상태에서 벗어나 정상적인 기분으로 회복되는 것이 일반적이다. 그러나 어떤 사람은 이러한 우울 상태에서 벗어나지 못하고 오랜 기간 동안 침체되어 있는 경우가 있다. 이처럼 병적인 우울은 정상적 우울에 비해 지속기간이 길며, 보통 6개월 이상 지속된다.

(3) 우울 상태로 인해 파생되는 부정적 결과

우울 상태에 빠져들게 되면 의욕이나 활력이 감소하기 때문에 학업, 직업, 가정일, 대인관계 등을 소홀히 하기 쉽다. 그러나 대부분의 사람은 우울한 상태라 하더라도 최소한의 일상적인 업무를 수행하는 것이 일반적이다. 그러나 병적인 우울 상태에서는 흔히 이러한 최소한의 일상적 업무마저 포기하여 심각한 결과를 초래하는 경우가 많다. 학교에 무단으로 자주 결석하여 성적이 급격하게 떨어지거나 직장에 출근하지 않아 경고를 당하고 면직되는 경우도 있다. 가족을 돌보지 않아 심각한 가정문제가 파생되고, 대인관계를 전면적으로 중단하여 외톨이가 되는 경우도 있다. 이렇듯 병적인 우울은 심각한 학업적 · 직업적 · 사회적 부적응 상태를 초래하게 된다.

(4) 좌절요인에 비해 과도한 우울 증상

친구나 가족과의 사소한 다툼이나 좌절에도 심각한 슬픔에 빠져들어 자학을 하고 자살까지 생각하는 사람이 있다. 학교 성적이 조금 떨어지거나 직장에서 업무부진의 징조가 나타나면 자신은 무능하고 열등하다는 심한 자책감에 빠져 의욕을 상실하고 무기력증에서 벗어나지 못하는 사람도 있다. 이처럼 좌절요인의 강도에 비해 지나치게 확대되고 과장된 우울반응을 병적인 우울이라고 볼 수 있다.

이러한 기준들에 의해서 병적인 우울 상태라고 평가된 경우를 우울증이라고 한다. 물론 정상적인 우울 상태와 병적인 우울 상태를 구분하는 일은 쉽지 않다. 우울증은 다양한 증상들로 나타나며 이러한 증상의 내용, 강도, 지속기간, 생활에 미치는 영향 등을 종합적으로 고려하여 진단하게 된다.

2) 단극성 우울증과 양극성 우울증

우울증은 단극성 우울증과 양극성 우울증으로 구분하는 것이 일반적이다. 우울증은 반대되는 정서 상태인 조증mania과 함께 나타나는 경우가 있다. 조증은 우울증과 반대로 기분이 지나치게 좋은 상태로서, 자존감이 현격하게 고양되고 흥미와 의욕이 증대되어 과잉행동이 나타나는 비정상적인 상태를 의미한다. 이러한 조증 상태에서는 실현 불가능한 비현실적인 목표를 향한 과도한 활동이 나타나게 되는데, 대부분의 경우 목표를 달성하지 못하고 실패와 좌절로 끝나게 된다.

이처럼 현재는 우울증 상태에 있지만 과거에 조증 상태를 경험한 적이 있는 경우를 양극성 우울증bipolar depression이라고 한다. 반면, 과거에 전혀 조증 상태를 경험한 적이 없는데 우울 상태가 나타나는 경우를 단극성 우울증unipolar depression이라고 한다. 유사한 우울 증세가 나타나는 경우에도 과거에 조증 경력이 있는지의 여부에 따라 구분되는 단극성 우울증과 양극성 우울증은 그 원인적 요인, 증상 패턴, 예후 등에서 차이를 보인다는 연구결과가 있다.

3) 외인성 우울증과 내인성 우울증

우울증은 증상을 유발한 외부적 촉발사건이 있는지의 여부에 따라서 외인성 우울증과 내인성 우울증으로 구분하기도 한다. 외인성 우울증exogenous depression은 가족과의 사별, 실연, 실직, 중요한 시험에서의 실패, 가족의 불화나 질병 등과 같이 비교적 분명한 환경적 스트레스가 계기가 되어 우울 증상이 나타나는 경우로 반응성 우울증reactive depression이라고 부르기도 한다. 반면, 내인성 우울증endogenous depression은 이러한 환경적 사건이 확인되지 않으며, 흔히 유전적 요인 또는 호르몬분비나 생리적 리듬 등과 같은 내부적인 생리적 요인에 의해서 우울 증상이 나타나는 경우를 의미한다.

4) 신경증적 우울증과 정신증적 우울증

우울 증상의 심각성에 따라 신경증적 우울증과 정신증적 우울증으로 구분하기도 한다. 신경증적 우울증neurotic depression은 현실판단력에 현저한 손상이 없는 상태에서 다만 우울한 기분과 의욕상실을 나타내고, 자신에 대한 부정적 생각에 몰두하지만 이러한 생각이 망상 수준에 도달하지는 않으며, 무기력하고 침울하지만 현실 판단 능력의 장애는 보이지 않는다. 주위에서 무슨 일이 일어나고 있는지 정확히 이해하고 있으며, 대화 내용이 조리에 맞고, 최소한의 일상생활에 지장이 없다.

반면에, 정신증적 우울증psychotic depression은 매우 심각한 우울 증상을 나타냄과 동시에 현실판단력이 손상되어 망상 수준의 부정적 생각이나 죄의식을 지니게 된다. 정신증적 우울증에서는 환각과 망상이 나타나며 현실 세계로부터 극단적으로 철수하는 경향을 보인다. 한 예로 이런 환자는 자기는 죽을 수밖에 없는 죄인이라는 망상을 지니기도 하고, 자기가 만지는 것은 무엇이든지 오염된다고 믿어 환경과의 접촉을 단절하기

도 한다. 이러한 우울증을 지니는 사람은 사회적 적응이 불가
능하며 입원치료가 필요하다.

　이 밖에도 우울증은 주로 행동과 사고가 느려지고 침체되
는 지체성 우울증retarded depression과, 걱정과 불안을 동반하며
흥분된 모습을 나타내는 초조성 우울증agitated depression으로 나
누어지기도 한다. 한편, 우울증은 다른 정신장애나 신체질환
과 관련되어 나타날 수 있는데, 우울증이 주된 증상이며 시간
적으로 먼저 나타나는 경우를 일차적 우울증primary depression이
라고 하고, 다른 정신장애나 신체질환에 부수적으로 나타나
는 경우를 이차적 우울증secondary depression이라고 하여 구분하
기도 한다.

　여성의 경우 출산 후 4주 이내에 우울 증상이 나타날 수
있는데, 이를 산후 우울증postpartum depression이라고 한다. 또
한 계절의 변화에 따라 주기적으로 특정한 계절에 우울증이
나타나는 경우를 계절성 우울증seasonal depression이라고 한다.
때로는 겉으로 우울한 기분을 두드러지게 나타내지 않지만
내면적으로 우울한 상태가 비행이나 신체적 문제로 위장되
어 나타나는 경우가 있는데, 이를 위장된 우울증masked
depression이라고 한다. ◈

4. DSM-5의 우울장애와 하위유형

세계적으로 가장 널리 사용되고 있는 정신장애 분류체계인 DSM-5(American Psychiatric Association, 2013)에서는 우울장애depressive disorder라는 용어를 사용하고 있으며 그 하위유형으로 주요 우울장애, 지속성 우울장애, 월경전기 불쾌장애, 파괴적 기분조절곤란 장애, 신체적 질병에 의한 우울장애 등을 제시하고 있다. 이러한 우울장애의 진단기준과 임상적 특징을 살펴보면 다음과 같다(권석만, 2013, 2014).

1) 주요 우울장애

주요 우울장애Major Depressive Disorder는 가장 심한 증세를 나타내는 우울장애의 유형으로서 그 진단기준은 다음과 같다. 첫째, 다음에 제시되어 있는 9가지의 증상 중 5개 이상의 증상

주요 우울장애의 주요 증상

(1) 하루의 대부분, 그리고 거의 매일 지속되는 우울한 기분이 주관적 보고나 객관적 관찰을 통해 나타난다.

(2) 거의 모든 일상활동에 대한 흥미나 즐거움이 하루의 대부분 또는 거의 매일같이 뚜렷하게 저하되어 있다.

(3) 체중조절을 하고 있지 않은 상태에서 현저한 체중감소나 체증증가가 나타난다. 또는 현저한 식욕의 감소나 증가가 거의 매일 나타난다.

(4) 거의 매일 불면이나 과다수면이 나타난다.

(5) 거의 매일 정신운동성 초조나 지체를 나타낸다. 즉, 좌불안석이나 처져 있는 느낌이 주관적 보고나 관찰을 통해 나타난다.

(6) 거의 매일 피로감이나 활력상실을 나타낸다.

(7) 거의 매일 무가치감이나 과도하고 부적절한 죄책감을 느낀다.

(8) 거의 매일 사고력이나 집중력의 감소 또는 우유부단함이 주관적 호소나 관찰에서 나타난다.

(9) 죽음에 대한 반복적인 생각이나 특정한 계획 없이 반복적으로 자살에 대한 생각이나 자살기도를 하거나 자살을 하기 위한 구체적 계획을 세운다.

이 거의 매일 연속적으로 2주 이상 나타나야 한다. 이러한 5개 증상 중 적어도 하나는 (1)항의 지속적인 우울한 기분과

(2)항에 제시된 흥미나 즐거움의 현저한 저하가 반드시 포함되어야 한다.

둘째, 이러한 우울 증상으로 인하여 임상적으로 심각한 고통이나 사회적, 직업적, 기타 중요한 기능영역의 손상이 초래되어야 한다. 셋째, 우울 증상이 물질(남용하는 물질이나 치료약물)이나 일반적인 의학적 상태(예: 갑상선 기능저하증)의 직접적인 생리적 효과에 의한 것이 아니어야 한다. 마지막으로, 우울 증상은 양극성 장애의 삽화로 나타나는 것이 아닐 뿐만 아니라 다른 정신장애에 의해서 더 잘 설명되는 것이 아니어야 한다. DSM-5에서는 이러한 주요 우울장애가 '첫 번째 발병인가 아니면 재발성 발병인가' '얼마나 증상이 심각한가' '정신증적 또는 다른 정신장애 양상이 수반되는가'에 따라 세분하여 진단된다.

2) 지속성 우울장애

지속성 우울장애Persistent Depressive Disorder는 우울 증상이 2년 이상 지속적으로 나타나는 만성적 우울증을 의미한다. 지속성 우울장애는 2년 이상 지속되는 우울한 기분을 비롯하여 (1) 식욕부진이나 과식, (2) 불면이나 과다수면, (3) 활력의 저하나 피로감, (4) 자존감의 저하, (5) 집중력의 감소나 결

정의 곤란, (6) 절망감 중 2가지 이상의 증상이 나타날 경우
에 진단될 수 있다. 앞에서 소개한 주요 우울장애가 2년 이
상 지속되면 지속성 우울장애로 진단명이 바뀌게 된다.

3) 월경전기 불쾌장애

월경전기 불쾌장애Premenstrual Dysphoric Disorder는 여성의 경우
월경이 시작되기 전주에 정서적 불안정성이나 분노감, 일상
활동에 대한 흥미 감소, 무기력감과 집중곤란 등의 불쾌한 증
상이 주기적으로 나타나는 경우를 말한다. DSM-5에서 제시
된 월경전기 불쾌장애의 진단기준은 다음과 같다.

월경전기 불쾌장애에 대한 핵심 증상

A. 대부분의 월경주기마다 월경이 시작되기 전(前)주에 아래
  두 집단의 증상들 중 5가지 이상이 나타난다. 이러한 증상
  들은 월경이 시작되면 며칠 이내로 감소하기 시작하고 월경
  이 끝나면 대부분 사라진다.
B. 다음의 증상 중 한 가지 이상이 존재해야 한다.
   1. 현저한 정서적 불안정성(예: 기분 동요, 갑자기 슬퍼지거
     나 눈물이 남, 거절에 대한 민감성의 증가)
   2. 현저한 과민성이나 분노 또는 대인관계 갈등의 증가

3. 현저한 우울 기분, 무기력감 또는 자기비하적 사고
4. 현저한 불안, 긴장 또는 안절부절못한 느낌
C. 다음의 증상 중 한 가지 이상이 존재해야 한다. B와 C의 증상을 모두 합해서 5개 이상의 증상을 나타내야 한다.
1. 일상적 활동(예: 일, 학교, 친구, 취미)에 대한 흥미의 감소
2. 주의집중의 곤란
3. 무기력감, 쉽게 피곤해짐 또는 현저한 에너지 부족
4. 식욕의 현저한 변화(과식 또는 특정한 음식에 대한 갈망)
5. 과다수면증 또는 불면증
6. 압도되거나 통제력을 상실할 것 같은 느낌
7. 신체적 증상(예: 유방 압통 또는 팽만감, 관절 또는 근육의 통증, 더부룩한 느낌, 체중증가)

4) 파괴적 기분조절곤란 장애

파괴적 기분조절곤란 장애Disruptive Mood Dysregulation Disorder는 반복적으로 심한 분노를 폭발하는 행동을 나타내는 경우를 말한다. 이 장애는 주로 아동기나 청소년기에 나타나며 자신의 불쾌한 기분을 조절하지 못하고 분노행동으로 표출하는 것이 주된 특징이다.

파괴적 기분조절곤란 장애의 핵심증상은 만성적인 짜증irritability과 간헐적인 분노폭발temper tantrum이다. 아동기의 만성

적인 짜증은 성인기에 다른 우울장애로 진전되는 경향이 있다.

5) 신체적 질병에 의한 우울장애

다른 의학적 상태에 의한 우울장애Depressive Disorder due to Another Medical Condition는 우울 증상이 신체적 질병(예: 뇌출혈과 같은 뇌혈관장애, 파킨슨 질환, 헌팅톤 질환, 알츠하이머 치매 등) 의 직접적인 결과라는 의학적 증거가 있어야 한다.

우울장애를 진단하는 것은 여러 가지 요인을 종합적으로 고려해야 하는 매우 전문적인 일이기 때문에 반드시 전문가에 의한 진단이 필요하며, 함부로 자신이나 타인을 우울증으로 진단하는 일은 삼가야 한다. ◆

5. 우울증의 발생률

우울증으로 고통받고 있는 사람들은 얼마나 되는가? 평생 동안 한 번 이상 우울증을 경험한 사람은 전체 인구 중 얼마나 되는가? 어떤 특성(예: 성별, 나이, 사회계층 등)을 지닌 사람에게 우울증이 많이 나타나는가? 이처럼 특정한 장애의 발생빈도를 연구하는 분야를 역학epidemiology이라고 한다.

1) 우울증은 매우 흔한 심리적 장애다

우울증은 정신장애 중에서 가장 많은 사람이 고통받는 장애이며, '심리적 감기'라고 부를 만큼 매우 흔한 심리적 문제다. 주요 우울장애의 경우, 지역사회 표본에서 평생 유병률이 여자 10~25%, 남자 5~12%로 보고되어 있다. 평생 유병률 lifetime prevalence이란 평생 동안 한 번 이상 장애를 경험한 사람의 비율을 의미한다.

한편, 주요 우울장애의 시점 유병률은 여자 5~9%, 남자 2~3%로 나타나고 있다. 시점 유병률point prevalence은 한 시점에서 장애를 나타내고 있는 사람의 비율을 뜻한다.

우울증으로 고통받는 사람의 빈도는 역학적 연구들마다 사용한 방법에 다소 차이가 있어서 정확하게 파악하기 어렵다. 하지만 정신장애 중 가장 유병률이 높은 장애가 우울증이다. 경미한 우울증을 포함하여 우울증의 유병률을 조사한 한 연구에 따르면, 한 시점에서 5~10%의 사람들이 우울증으로 고통받고 있으며, 일생 동안 30~40%의 사람들이 한 번 이상 우울증을 경험한다고 한다. 현대사회에서 우울증은 증가하는 추세에 있다는 연구 자료도 보고되고 있다. 우울증의 증가 추세는 전 세계적으로 공통적인 현상이며, 점점 더 경쟁적이 되어 가는 현대사회의 한 측면을 반영한다.

2) 우울증은 여자에게 더 흔하다

우울증은 남자보다 여자에게 더 흔한 장애다. 특히 청소년과 성인에 있어서 여성들이 우울증에 걸리기 쉽다. 주요 우울장애의 시점 유병률이 남자가 2~3%인 데 비해, 여자는 5~9%였다. 또한 평생 유병률 역시 남자가 5~12%인 데 비해,

여자는 10~25%에 달하였다. 이 밖에도 여러 역학적 연구에서 남자보다는 여자에게 2배 정도 많이 나타난다는 것이 일관되게 보고되고 있다. 이러한 남녀 차이는 단극성 우울증에서 흔히 나타나는 것으로, 양극성 장애에서는 성차가 거의 없는 것으로 보고되고 있다.

우울증에 있어서 남녀 비율의 차이는 특히 25~44세 집단에서 가장 높게 나타나고, 65세 이상의 집단에서는 차이가 감소한다. 주목할 점은, 사춘기 이전의 소년과 소녀는 우울증의 유병률이 거의 동일하게 나타나 남녀 차이를 거의 보이지 않았다는 점이다.

여자가 남자보다 우울증의 유병률이 높은 현상에 대해서 여러 가지 설명이 제기되고 있다. 남성 중심적인 사회에서 여성이 심리적인 스트레스와 좌절을 더 많이 경험하기 때문이라는 주장이 있는가 하면, 스트레스에 대한 여성의 대처방식이 비효율적이어서 우울증에 취약하다는 주장도 있다.

최근의 한 연구에서는 우울증에 대한 반응방식에 성차가 있다는 주장이 제기되었다. 이 주장에 따르면 남자는 우울증 상태에서 주의분산적인 활동을 하는 반면, 여자는 우울 증상에 더 예민하게 집착하기 때문에 여성의 우울증 유병률이 높다는 것이다. 여성은 또한 월경이 시작되기 며칠 전에 우울 증상이 나타나는 경우가 많다.

3) 우울증은 청소년기에 증가한다

우울증은 발달 시기에 따라 발생빈도가 달라지며, 어떤 연령대에서도 시작될 수 있지만 평균 발병연령은 20대 중반이다. 우울증은 12세 미만의 아동에서는 2% 이하로 매우 낮은 유병률을 나타내지만, 청소년기에 접어들면서 급증하는 것으로 알려져 있다. 또한 아동기에는 남아가 여아보다 유병률이 높지만, 청소년기부터는 남자보다 여자가 2배 정도 높게 나타난다.

청소년을 대상으로 단극성 우울증의 시점 유병률을 조사한 연구에서는 약 3%의 청소년들이 우울증을 경험하고 있었으며 이들 중 여자는 4%, 남자는 2%의 유병률을 나타냈다. 이러한 유병률은 1년간의 추적 연구에서도 비슷하게 나타났다. 또한 청소년을 대상으로 평생 유병률을 조사한 결과에서는 약 20%의 청소년들이 우울증을 경험했다(여자 27%, 남자 13%). 이러한 비율은 성인의 유병률과 거의 유사한 수치다.

국내의 연구에서도 우울증은 정신과를 찾는 청소년 외래환자 중에서 불안장애와 정신분열증과 함께 가장 빈도가 높은 장애의 하나로 보고되고 있다. 이러한 역학조사 결과는 청소년기에 우울증이 급증하며 특히 여자 청소년의 유병률이 높다는 것을 보여준다. 또한 약 20%에 해당하는 청소년들이 한 번 이상 우울증을 경험한다는 점에서 우울증은 청소년기에 매우 흔하게 나타나는 심리적 문제라고 할 수 있다.

청소년기는 '질풍노도의 시기'라는 말이 있듯이 기분의 변화가 심하며 정서적으로 불안정한 시기다. 또한 청소년기는 신체적 · 심리적 · 사회적 변화가 급격하게 일어나는 발달 단계로서, 이러한 변화에 대처해야 하는 과중한 적응 과제를 지니고 있는 시기이기도 한다. 급격한 신체 변화에 따라 자신의 외모나 신체에 대한 관심이 증가하고 더불어 열등감과 수치심을 경험할 수 있다. 우리나라의 경우, 청소년은 학업에 대한 과도한 부담과 압력을 받게 되며, 이로 인해 학업성적에 과민해지고 부모나 교사의 질책으로 심리적 갈등을 경험할 수 있다.

또한 청소년기는 대인관계가 급격하게 확대되는 시기로서 교우관계, 이성관계, 교사와의 관계, 가족관계 속에서 여러 가지 좌절을 경험할 수 있다. 특히 부모로부터의 심리적인 독립욕구가 강해지므로 부모를 위시한 가족과의 갈등이 증폭될 수 있다. 또한 청소년기는 소위 자아정체감을 형성하는 시기로서, 이러한 정체감 형성 과정에서 여러 가지 혼란을 경험하게 된다.

이 밖에도 성 욕구와 자위행위에 대한 죄책감, 학교폭력이나 집단괴롭힘의 경험, 일탈행동에 대한 부모나 교사의 과도

한 질책 등과 같이 청소년기는 여러 가지 좌절요인을 지니고 있다. 이러한 좌절요인들이 반복되거나 충격적으로 주어지게 되면 청소년에게서 우울증이 나타날 수 있다.

4) 우울증은 자살의 원인이 될 수 있다

우울증은 매우 흔한 심리장애인 동시에 매우 치명적인 장애이기도 한다. 우울증이 심해지면 자살에 대한 생각이 증가하고 실제로 자살을 시도하는 경우도 있다. 통계자료에 의하면, 우울증에 걸린 사람 백 명 가운데 한 명이 자살로 사망한다고 한다. 이와 같이, 우울증은 생명을 잃게 하는 치명적인 심리장애라는 점에서 주목되어야 한다.

특히 충동성이 강한 청소년은 우울증 상태에서 자살을 하는 경향이 높다. 자살은 우리나라 청소년 사망률에서 높은 비율을 차지하고 있으며, 많은 청소년이 자살충동을 느낀다고 보고되고 있다. 중ㆍ고등학생과 대학생을 대상으로 한 연구에서는 조사 대상자의 약 20%가 자살충동을 느꼈으며, 이들 중에서 약 9%가 자살을 시도한 경험이 있다고 보고하였다. 청소년이 자살을 시도하는 주요한 이유는 학업성적 비관과 가족과의 불화나 갈등으로 보고된 바 있다.

5) 우울증은 재발할 수 있다

한 번 우울증을 경험한 사람은 그렇지 않은 사람에 비해서 다시 우울증을 경험할 가능성이 높고, 이렇게 우울증을 반복적으로 경험할수록 우울증에 걸릴 가능성이 점점 높아진다. 한 번 우울증을 경험한 사람 중에서 약 50~60%가 두 번째 우울증을 경험한다. 두 번째의 우울증을 경험한 사람이 세 번째의 우울증을 경험할 가능성은 70%, 세 번째 우울증을 경험한 사람이 네 번째 우울증을 경험할 가능성은 90%에 이른다.

가족 중에 심각한 우울증을 경험한 사람이 있는 경우에는 그렇지 않은 사람에 비해 우울증 발병 가능성이 1.5~3배 정도로 높다. 그러나 우울증의 발병률은 인종, 교육, 수입, 결혼 상태와는 관련이 없는 것으로 나타나고 있다. ◈

6. 우울증의 자가진단

　우울증은 가능한 한 빨리 자각하여 치료하는 것이 바람직하다. 그러나 우울증을 진단하는 일은 쉽지 않다. 우리는 때때로 우울한 기분과 의욕의 저하를 경험할 수 있다. 이때 이러한 우울 상태가 얼마나 심각한 것인지를 스스로 평가하기 어렵다. 특히 이러한 우울 상태가 무시해도 되는 정상적인 상태인지, 아니면 전문적 치료가 필요한 우울증 상태인지를 판단하기가 어렵다.

　이러한 상태를 정확하게 판단하기 위해 우울증을 평가하는 여러 가지 심리검사가 개발되어 있다. 물론 우울증의 정확한 진단은 전문가에 의해서만 가능하지만, 여기 제시한 간단한 자가진단을 통해 스스로 우울 상태를 진단해볼 수 있다. ◆

우울증의 간이진단검사

아래의 항목을 잘 읽고 '요즘 며칠 사이 이런 경험을 얼마나 자주 했는지'를 그 빈도에 따라 적절한 숫자에 ○표 하십시오.

0	1	2	3
전혀 그렇지 않다	가끔 그렇다	자주 그렇다	항상 그렇다

1. 나는 슬프고 기분이 울적하다. ·················· 0 1 2 3
2. 나의 외모는 추하다고 생각한다. ··················· 0 1 2 3
3. 나 자신이 무가치한 실패자라고 생각
   된다. ··· 0 1 2 3
4. 나는 다른 사람에 비해 열등하고 뭔가
   잘못되어 있다고 느껴진다. ···················· 0 1 2 3
5. 나는 매사에 나 자신을 비판하고 자책
   한다. ··· 0 1 2 3
6. 나의 앞날엔 희망이 없다고 느껴진다. ····· 0 1 2 3
7. 어떤 일을 판단하고 결정하기가 어렵다. ········· 0 1 2 3
8. 나는 쉽게 화가 나고 짜증이 난다. ·············· 0 1 2 3
9. 진로, 취미, 가족, 친구에 대한 관심을
   잃었다. ··· 0 1 2 3
10. 어떤 일에 나 자신을 억지로 내몰지 않
    으면 일을 하기가 힘들다. ··················· 0 1 2 3

11. 인생은 살 가치가 없으며 죽는 게 낫다
    는 생각을 한다. ·································· 0 1 2 3
12. 식욕이 없다. 또는 지나치게 많이 먹는다. ········· 0 1 2 3
13. 불면으로 고생하며 잠을 자도 개운하지
    않다. 또는 지나치게 피곤하여 너무 많
    이 잔다. ·· 0 1 2 3
14. 나의 건강에 대해 걱정을 많이 한다. ··············· 0 1 2 3
15. 성(sex)에 대한 관심을 잃었다. ···················· 0 1 2 3

채점 및 해석

15개 항목에 대해 ○표를 한 숫자를 합하면 총점이 되며, 총점의 범위
는 0~45점이다. 총점의 의미는 다음과 같다.

0~10점   현재 우울하지 않은 상태다.
11~20점   정상적이지만 가벼운 우울 상태다. 자신의 기분을 새롭
          게 전환할 수 있는 노력이 필요하다.
21~30점   무시하기 힘든 우울 상태다. 우울 상태를 극복하기 위한
          적극적인 노력이 필요하며 이러한 상태가 2개월 이상 지
          속될 경우에는 전문가의 도움을 받아야 한다.
31~45점   심한 우울 상태다. 가능한 한 빨리 전문가의 도움을 받
          아야 한다.

우울증은
왜 생기는가

2

1. 우울증의 원인에 대한 이론들

2. 우울증을 촉발하는 생활사건

3. 정신분석 이론

4. 행동주의 이론

5. 학습된 무기력 및 귀인 이론

6. 인지 이론

7. 자기개념과 우울증

8. 우울증의 신체적 원인

1. 우울증의 원인에 대한 이론들

우울증은 왜 생기는가? 우울증은 어떤 원인에 의해서 유발되며 어떤 과정을 통해서 발생하는가? 우울증은 유전되는가 아니면 환경적 요인에 의해 생겨나는가? 우울증은 심리적인 장애인가 아니면 신체적인 장애인가? 이러한 물음들은 우울증을 이해하는 가장 핵심적인 물음이다.

모든 심리적 현상이 그렇듯이, 우울증을 유발하는 원인은 간단하지 않으며 우울증의 하위유형에 따라 그 원인도 달라진다. 우울증의 원인을 밝히는 일은 우울증의 치료와 예방방법에 대한 이론적 근거를 제공하기 때문에 우울증을 이해하는 데 필요한 매우 중요한 작업이라고 할 수 있다. 우울증의 주요한 원인들을 구체적으로 다루기 전에 주요한 이론인 정신분석 이론, 행동주의 이론, 인지 이론, 생물학적 이론을 간략하게 소개한다.

1) 정신분석 이론

정신분석 이론은 인간의 심리적 문제를 무의식적 동기와 갈등의 문제로 설명하는데, 우울증의 경우도 마찬가지다. 일반적으로 정신분석 이론에서는 우울증을 무의식적으로 분노가 자기에게 향해진 현상이라고 본다.

정신분석의 창시자인 지그문트 프로이트Sigmund Freud는 우울증을 사랑하던 대상의 상실에 대한 반응이라고 보았다. 사랑하는 대상을 상실하게 되면 상실의 슬픔뿐만 아니라 자신을 버려두고 떠나간 대상에 대해 분노를 느끼게 된다. 그러나 이러한 분노의 감정은 도덕적 억압으로 인해 무의식화되고 또한 분노의 대상이 이미 사라진 상태이므로 분노의 감정이 자기 자신에게로 향해지게 된다. 이렇게 분노가 자신에게 내향화되면 자신을 비난하고 책망하며 죄책감을 느끼게 된다. 따라서 자기 가치감이 저하되고 자아기능 역시 약화되어 우울증으로 발전하게 된다는 것이다.

이러한 프로이트의 주장 이후 여러 정신분석학자에 의해서 우울증에 대한 이론이 발전되어왔다. 대표적인 학자로는 칼 아브라함Karl Abraham, 에드워드 비브링Edward Bibring, 짐 스트라이커Jim Striker 등이 있다.

2) 행동주의 이론

　행동주의 이론은 인간의 행동을 환경적 요인에 의한 학습의 결과로 설명하며, 우울증 역시 사회환경으로부터 긍정적 강화가 약화되어 나타난 현상이라고 본다. 우리는 생활 속에서 칭찬, 보상, 도움, 지지, 즐거운 일 등의 다양한 긍정적 강화를 받으며 살아간다. 또한 우리는 그러한 강화를 유발하는 행동을 하게 되며, 그 결과 긍정적 강화를 받게 되는 연쇄 과정 속에서 살아간다.

　행동주의 이론에 따르면, 우울증이 발생하고 유지되는 것은 이러한 긍정적 강화가 상실되거나 강화유발행동이 감소하거나 또는 우울행동이 잘못 강화되기 때문이다. 삶에서 중요한 상실사건(예: 가족의 사망, 실직 등)을 경험하는 것은 긍정적 강화의 중심적인 원천을 상실하는 것이다. 이러한 강화의 원천을 상실하게 되면 서로 연결된 모든 적응적 행동이 감소하면서 우울증으로 발전하게 된다.

　우울증에 대한 행동주의적 설명은 버러스 스키너Burrhus. F. Skinner와 찰스 퍼스터Charles Ferster에 의해 처음 시도되었으며 피터 레빈슨Peter Lewinsohn, 제임스 코인James Coyne 등에 의해서 발전되었다. 행동주의 이론은 사회적 기술의 부족, 자기조절행동의 미숙, 문제해결 능력의 결여 등에 초점을 두어 우울증의 발생과 유지 과정을 설명하고 있다.

3) 인지 이론

인지 이론은 인간이 능동적인 의미구성적 존재라는 철학적 관점에 근거하고 있다. 즉, 인간은 주변 환경에 의미를 부여함으로써 세상을 구성하는 능동적인 존재이며, 인간의 감정과 행동은 환경자극 자체보다는 그 자극에 부여한 의미에 의해서 결정된다고 본다. 이러한 가정에 근거하고 있는 인지 이론은 현재 가장 각광을 받고 있는 이상심리학의 이론체계다.

우리는 일상생활 속에서 여러 가지 부정적인 생활사건(예: 가족의 사망과 질병, 시험낙방, 실연, 실직 등)을 경험하게 되지만, 동일한 생활사건에 대해서 사람마다 의미를 부여하는 방식이 다르다. 따라서 결과적인 감정반응과 행동방식이 달라진다.

인지 이론은 사람들이 생활사건을 부정적이고 비관적인 의미로 과장하고 왜곡하기 때문에 우울증이 유발된다고 주장한다. 우울한 사람들은 생활사건의 의미를 왜곡시키는 독특한 인지적 오류를 범하는 경향이 있으며, 좀 더 근본적으로 자신과 세상에 대해서 비현실적인 믿음과 기대를 지니고 있다. 인지 이론은 이처럼 우울증을 유발하는 부적응적인 사고 내용,

신념체계, 사고 과정과 인지적 오류 등에 대한 설명을 제시하고 있다.

우울증에 대한 인지 이론은 많은 연구를 통해 경험적인 지지를 받고 있고, 인지치료의 이론적 기초가 되고 있으며, 대표적인 학자로는 아론 벡Aaron Beck을 위시하여 앨버트 엘리스Albert Ellis, 데이비드 클락David Clark, 릭 잉그램Rick Ingram 등이 있다. 현재에도 많은 심리학자에 의해서 더욱 정교하게 발전되고 있다.

4) 생물학적 이론

생물학적 이론은 우울증이 신체적 원인에 의해서 생긴다는 가정에 기초하며 주로 정신의학자에 의해서 발전되었다. 우울증을 유발하는 신체적 원인으로 유전적 요인, 뇌의 신경화학적 이상, 뇌구조의 기능적 손상, 내분비 계통의 이상, 생체리듬의 이상 등에 초점을 맞추어 연구가 진행되고 있다.

우울증이 유전되는지를 밝히기 위해 가계 연구 · 쌍생아 연구 · 입양 연구 등이 진행되었으며, 우울증에는 유전적 소인이 있을 수 있다는 연구결과도 보고되고 있다. 또한 뇌세포 간의 신경정보전달을 담당하는 신경전달물질의 이상이 우울증을 유발할 수 있다는 가정하에 많은 연구가 진행되었다. 특히 모노아민(예: 노르에피네프린, 도파민 등) 계열의 신경전달물질의 과잉분비가 우울증을 유발한다는 이론이 제기되기도 했으며, 이러한 연구결과는 약물치료의 이론적 근거가 되고 있다.

이 밖에도 우울증은 뇌의 특정 부위(예: 시상하부)에 손상이 있어 유발된다는 신경생리학적 주장도 있다. 아울러 내분비 계통의 질병이 종종 우울 증상을 수반한다는 임상적 관찰에 근거하여, 코르티솔과 같은 특정한 호르몬의 변화가 우울증을 유발한다는 주장도 제기되고 있다. ◆

2. 우울증을 촉발하는 생활사건

개인에게 심리적인 좌절과 스트레스를 주는 부정적인 생활 사건들은 흔히 우울증을 촉발하게 된다. 물론 부정적인 생활 사건을 경험했다고 해서 모두 우울증에 걸리는 것은 아니다. 그렇다면 어떤 사람이 부정적인 생활사건으로 인해 우울증에 걸리는가? 그리고 이러한 생활사건은 어떤 심리적 과정을 통해서 우울증을 유발하는가? 우울증에 대한 심리학적 이론들은 이러한 물음에 대한 대답을 제공하고 있으며 이론마다 설명방식이 다르다. 먼저, 우울증을 촉발시키는 생활사건을 살펴보고, 우울증에 대한 다양한 심리학적 이론들을 살펴보기로 한다.

생활사건life events이란 생활 속의 변화로, 우리로 하여금 새로운 변화에 적응해야 하는 심리적 부담, 즉 스트레스를 주는 사건들을 뜻한다. 이러한 생활사건 중에서 우울증은 특히 상

실과 실패를 의미하는 부정적인 생활사건negative life events에 의
해서 촉발되는 경우가 많다. 부정적인 환경적 요인에는 주요
생활사건, 경미한 생활사건, 사회적 지지의 결여가 있다.

1) 주요생활사건

우리의 삶은 크고 작은 사건들의 연속이다. 이러한 사건들
중에는 우리에게 커다란 좌절감을 안겨주는 충격적인 사건들
이 있다. 예를 들어, 갑작스럽게 실직을 당하거나, 가족 중 한
사람이 사망하거나, 사랑하는 애인으로부터 버림을 받는 등
의 사건은 우리의 삶에 커다란 영향을 주게 된다. 우울증은 흔
히 이러한 부정적 생활사건이 계기가 되어 유발되는 경우가
많다. 이렇게 개인에게 심각한 심리적 충격을 줄 수 있는 비교
적 비중 있는 생활사건들을 주요생활사건major life events 또는
주요 스트레스원major stressor이라고 부른다.

이러한 주요생활사건에는 사랑하는 가족의 사망이나 심각
한 질병, 자신의 심각한 질병, 가정불화, 가족관계나 이성관
계의 악화, 친구와의 심각한 갈등과 다툼, 실직이나 사업실패,
경제적 파탄과 어려움, 현저한 업무부진이나 학업부진 등의
다양한 사건이 포함된다. 물론 개인마다 충격적으로 받아들
이는 사건의 내용과 강도가 다를 수 있으나, 이러한 주요생활

◆ **대학생이 경험하는 주요생활사건과 심리적 충격의 강도**

주요생활사건	충격 강도	주요생활사건	충격 강도
가까운 가족의 사망	100	친한 친구와의 심한 다툼	40
친한 친구의 사망	73	경제적 지위의 변화	39
부모의 이혼	65	전공의 변화	39
법적 구속	63	부모와의 갈등	39
심한 신체적 질병	63	업무의 증가	37
해고나 실직	50	진학한 첫 학기	35
중요한 과목에서 실패	47	주거 상황의 변화	31
가족의 질병이나 손상	45	교수와의 심한 언쟁	30
성적(sexual) 문제	44	기대보다 낮은 성적	29

출처: Zimbardo & Weber (1997)에서 요약 발췌함.

사건이 우울증을 유발시킬 뿐만 아니라 악화시키는 계기가 될 수 있다.

2) 경미한 생활사건

우울증은 작은 부정적 사건들이 누적되어 생겨날 수도 있다. 우울하게 만든 분명한 충격적 사건을 찾을 수는 없지만, 일상생활 속에서 자주 경험하게 되는 여러 가지 사소한 생활사건들이 누적되면 우울증을 유발할 수 있다. 이처럼 우리의 마음에 경미한 영향을 미치는 다양한 생활사건들을 경미한 생활사건minor life events이라고 부른다.

경미한 생활사건으로는 작은 불쾌감이나 좌절감을 유발하는 매우 다양한 사건들이 포함된다. 예를 들면, 친구나 가족과의 사소한 다툼이나 언쟁, 친구가 약속시간에 늦거나 안 나타남, 적은 액수의 돈을 잃어버림, 주변 사람들로부터의 사소한 비난, 테니스나 탁구 게임에서 짐, 전철에서 낯선 사람으로부터 불쾌한 일을 당함, 판매원의 불친절한 행동 등 다양한 생활사건들이 이에 해당된다.

이러한 경미한 생활사건들은 사소하고 미미한 것이어서 우울증을 촉발하는 계기로 자각되지 않는다. 그러나 이러한 사건들이 빈번히 또는 지속적으로 발생되어 그 충격이 누적되는 경우에는 마치 '이슬비에 옷 젖듯이' 개인에게 심각한 영향을 미칠 수 있다.

3) 사회적 지지의 결여

아무런 새로운 일이 없었는데 왠지 기분과 의욕이 침체되며 우울감과 무기력감이 밀려든다고 호소하는 사람이 있다. 이런 사람의 삶을 자세히 살펴보게 되면, 오랜 기간 가족과 떨어져 지냈거나 마음을 나눌 친한 친구 없이 피상적인 대인관계 속에서 생활해온 경우가 많다. 즉, 새로운 부정적 생활사건은 없었지만 개인의 정서적 생활을 유지하는 데에 필요한 조건이 장기간 결핍되면 우울증이 찾아들 수 있다.

이렇게 개인의 정서적 생활을 유지하는 데 필수적인 조건이 사회적 지지social support다. 사회적 지지는 개인으로 하여금 삶을 지탱하도록 돕는 심리적 또는 물질적 지원을 의미한다. 즉, 친밀감, 인정과 애정, 소속감, 돌봄과 보살핌, 정보 제공, 물질적 도움과 지원 등을 통해 개인의 자존감과 안정감을 유지해주는 사회적 지원을 말한다. 이런 사회적 지지의 원천은 배우자, 친한 친구, 가족, 동료, 교사 등이다. 이들로부터 주어지는 사회적 지지는 우울증을 유발하는 생활사건을 차단해줄 뿐만 아니라 어려움이 닥치더라도 이겨낼 수 있다는 자신감을 주게 된다.

이러한 사회적 지지가 오랜 기간 부족하거나 결핍되어 있는 상태는 개인의 정서적 안정감과 자존감을 서서히 잠식하여 우울증을 촉발시킬 수 있다. 예를 들어, 가족과 오랫동안 떨어져 지내는 상태, 소속집단으로부터 소외된 상태, 친구의 부족, 도움을 요청하고 어려움을 상의할 사람의 부족, 경제적 궁핍, 생활에 필요한 정보를 제공해주는 사람의 부족 등과 같은 상태가 우울증의 발생과 지속에 영향을 미칠 수 있다.

이상에서 우울증을 촉발할 수 있는 3가지 유형의 환경적 요인을 살펴보았다. 그러나 앞에서 언급했듯이, 이러한 부정적 생활사건들을 경험한 모든 사람이 우울증에 걸리는 것은 아니다. 매우 충격적이고 고통스러운 생활사건을 경험하고도 꿋꿋하게 잘 견뎌내는 사람들이 있는가 하면, 사소해 보이는 사건에도 마음에 심한 상처를 입고 우울증에 빠져드는 사람들이 있다. 부정적 생활사건만으로는 우울증의 발생과 심각도를 20%도 설명하지 못했다는 연구결과도 있다. 이러한 사실은 우울증이 환경적 요인만으로 설명될 수 없으며 개인의 심리적 요인이 고려되어야 함을 뜻한다. ◆

3. 정신분석 이론

정신분석은 프로이트에 의해 창시된 성격 이론이자 이상심리학 이론이며 치료기법이다. 정신분석학에서는 인간의 심층적인 무의식적 갈등과 과정에 초점을 맞추어 인간의 행동과 정신장애를 설명한다.

우울증에 대한 정신분석학적 이론은 학자에 따라 다양하기 때문에 일목요연하게 설명하기 어렵다. 여기에서는 주요한 학자의 견해를 중심으로 정신분석학에서 우울증의 원인을 어떻게 설명하는지 소개하기로 한다.

1) 프로이트의 견해

정신분석의 창시자인 프로이트는 우울증을 무의식적으로 분노가 자기에게 향해진 현상이라고 본다. 그는 기본적으로 우울증을 사랑하던 대상의 무의식적 상실에 대한 반응이라고 보았다. 사랑하는 대상의 상실은 실제 일어난 일일 수도 있고 상상 속에서 또는 상징적으로 일어난 일일 수도 있다. 어떤 경우든 사랑하는 대상을 상실하게 되면서 자신의 중요한 일부가 상실되었다는 슬픔뿐만 아니라 자신을 버려두고 떠나간 대상에 대한 분노를 느끼게 된다.

이러한 분노의 감정은 향해질 대상이 사라진 상태이고 도덕적 억압 등으로 인해 무의식 속으로 잠복하게 되면서 자기 자신에게로 향한다. 이렇게 분노가 자기 자신에게로 내향화되면 자기비난, 자기책망, 죄책감으로 인해 자기가치감의 손상과 더불어 자아기능이 약화되고, 그 결과 우울증이 나타나게 된다. 이러한 과정은 무의식적으로 진행되기 때문에 당사자에게는 자각되지 않는다.

2) 아브라함의 견해

칼 아브라함Karl Abraham은 이러한 프로이트의 견해를 좀 더 정교하게 발전시켜 설명하고 있다(Abraham, 1927). 인간이 성장하는 데 타인의 도움과 인정은 필수적이며, 이런 측면에서 어머니는 가장 중요한 존재다. 그러므로 이런 어머니가 사랑의 주된 대상이 되는 것은 당연하다. 그러나 어머니는 아이의 요구를 항상 충족시켜주지는 못할 뿐만 아니라 때로는 좌절시키기도 하며, 이로 인해 아이에게 미움의 대상이 되기도 한다. 이렇게 아이는 어머니에 대해서 사랑과 미움이 교차하는 양가적인 태도를 지니게 된다.

어머니로 대표되는 사랑의 대상을 실제로 또는 상징적으로 상실한 경우, 무의식적으로는 사랑의 감정을 지녔던 대상으로부터 버림을 받았다는 생각과 아울러, 한편으로 미움의 감정을 지니고 있었던 사랑의 대상을 파괴하는 데에 자신이 기여했다는 생각이 교차하게 된다. 따라서 상실한 대상에게 미운 감정을 지니고 나쁜 행동을 해서 그 대상을 잃게 만들었다는 죄책감과 후회감을 느끼는 한편, 사랑의 대상이 자신을 버리고 떠나갔다는 생각으로 인해 기존의 분노 감정이 증폭된다. 그러나 분노 감정을 발산할 대상은 현실에서 사라진 상태이며 또한 죄책감으로 인해 분노 감정은 외부로 발산되지 못하고 결국 자기 자신에게 향하게 된다.

분노가 자기 자신에게 향해지는 중요한 또 다른 이유가 있다. 어린아이는 성장하면서 사랑의 대상인 부모를 자신과 동일시하면서 내면화하여 자신의 심리적 일부로 지니게 된다. 따라서 자신을 버리고 떠나가 지금은 존재하지 않는 대상에 대해서 분노를 표출하는 한 방법은 자신의 내면 속에 남아있는 대상, 즉 자기 자신을 미워하는 것이다. 이러한 과정을 통

해 자기 자신에게 분노가 향해져 자기책망, 자기비난, 자기실
망을 유발하게 되고 결국 우울증으로 발전한다고 설명한다.

3) 기타 정신분석학자의 견해

우울증에 대한 정신분석적 설명은 이후에 지속적으로 수정
되고 확장되었다. 짐 스트라이커Jim Striker는 인생 초기에 가장
중요한 존재인 어머니나 아버지를 실제로 또는 상상 속에서
상실하여 무력감을 느꼈던 외상적 경험traumatic experience이 우
울증을 유발하는 근본적 원인이라고 주장한다(Striker, 1983).
즉, 어린 시절의 상실 경험이 우울증을 일으킬 수 있는 취약성
으로 작용한다는 것이다.

이런 상실 경험을 지닌 사람이 성장 후에 이혼, 사별, 중요
한 일에서의 실패와 같이 상실이나 좌절 경험을 하게 되면 어
린 시절의 외상적 경험이 되살아나고 어린 시절로 퇴행하게
된다. 이러한 퇴행의 결과로 무기력감과 절망감에 사로잡히
게 되어 우울증으로 발전하게 된다. 이러한 주장에 따르면, 우
울증은 어린 시절에 중요한 타인을 상실하여 무력감을 느꼈던
심리적 상처의 반영 또는 재발이라고 할 수 있다.

에드워드 비브링Edward Bibring은 손상된 자기존중감을 우울
증의 가장 주요한 특징으로 보았다(Bibring, 1953). 우울해지

기 쉬운 사람은 강한 자기도취적 또는 자기애적 소망을 지니
고 있다. 이들은 자신이 가치 있고 사랑받는 존재여야 하며,
늘 강하고 우월해야 할 뿐만 아니라, 선하고 사랑을 베푸는
사람이어야 한다는 높은 자아이상을 지닌다. 그러나 이러한
이상은 현실적으로 충족되기 어려운 것으로서, 이상과 현실
의 지속적 괴리는 자기존중감을 손상시키고 그 결과 우울증
을 유발한다고 보았다. ◆

4. 행동주의 이론

　행동주의 이론에서는 우울증이 사회환경으로부터 긍정적 강화가 약화되어 나타난 현상이라고 본다. 행동주의 입장의 이론가들은 주로 스키너의 조작적 조건형성 이론에 기초하여 우울증을 설명하고 있다. 조작적 조건형성의 기본 원리는 여러 가지 행동 중에서 강화를 받은 행동은 지속되지만 강화를 받지 못한 행동은 소거된다는 것이다. 우울 증상은, 인간의 다른 행동과 마찬가지로, 이러한 조건형성의 원리에 의해서 학습된다는 것이 행동주의 이론가의 설명이다.

1) 학습 이론적 설명

　우리가 즐겁게 살아가는 것은 일상생활 속에서 칭찬, 보상, 도움, 지지, 유쾌함 등의 다양한 긍정적 강화를 받기 때문이다. 또한 우리는 그러한 강화를 얻어낼 수 있는 다양한 행동을 하며 그 결과로서 긍정적 강화가 주어지는 것이다. 일반적으로 행동주의 이론에서는 우울증이 이러한 긍정적 강화의 상실, 강화유발행동의 감소, 우울행동의 강화에 의해서 발생하고 유지된다고 본다.

우울증을 유발하는 사건들(예: 사랑하는 사람의 사망, 실직, 낙제 등)은 긍정적 강화의 원천을 상실하는 것이기 때문에 즐거운 경험이 감소하고 불쾌한 경험이 증가한다. 이때 개인이 다른 사람으로부터 강화를 얻을 수 있는 사회적 기술이 부족하거나 불쾌한 상황에 대처하는 기술이 부족하면 긍정적 강화의 결핍 상태가 지속되고 그 결과 우울 증상이 나타난다.

슬픔, 무기력, 사회적 고립과 같은 우울 증상이 때로는 다른 사람으로부터 강화(예: 관심, 위로, 걱정 등)를 얻어내는 기능을 할 수도 있다. 하지만 이러한 강화는 일시적으로 우울감을 완화시킬 수는 있으나, 우울 증상을 지속시키는 역효과를 나타낼 수도 있다. 더구나 우울 증상에 대한 강화는 대부분 일시적이고 단기적인 것이다.

또한 우울증이 지속되면 다른 사람들에게 혐오감을 주기 때문에 사람들은 우울한 사람을 피하게 되고, 결국에는 긍정적 강화가 사라지게 되어 우울증이 악화되는 결과를 초래하게 된다.

2) 레빈슨의 설명

우울증에 대한 가장 대표적인 행동주의 이론가는 피터 레빈슨Peter Lewinsohn이다. 그와 동료들(Lewinsohn, Antonuccio, Steinmetz, & Terry, 1984)은 경험적 연구를 통해 우울한 사람들의 몇 가지 특징을 발견하였다. 즉, 우울한 사람은 그렇지 않은 사람에 비해 생활 속에서 더 많은 부정적 사건을 경험하고, 부정적 사건을 더 부정적인 것으로 평가하며, 혐오자극에 대해서 더 민감한 반응을 보이고, 긍정적 강화를 덜 받았다. 이러한 결과에 기초하여, 그는 우울증이 긍정적 강화의 결핍과 혐오스러운 불쾌한 경험의 증가에 기인한 것이라고 주장한다.

나아가 레빈슨은 긍정적 강화가 감소되고 혐오적 불쾌 경험이 증가하는 원인적 유형을 다음과 같이 3가지로 제시하고 있다.

첫째는 환경 자체에 문제가 있는 경우다. 실직, 이혼, 사별 등과 같은 부정적 사건들이 지속적으로 발생하면 과거에 주어지던 긍정적 강화가 현격하게 감소된다. 또는 환경으로부터 주어지는 긍정적 강화가 거의 없거나 처벌적인 요인이 많은 경우에도 우울증이 발생할 수 있다. 예를 들어, 칭찬은 별로 하지 않고 잘못에 대해서만 엄하게 벌을 주는 부모의 양육방식은 우울 증상을 일으킬 가능성이 높다는 것이다.

둘째는 적절한 사회적 기술과 대처능력이 부족한 경우다. 즉, 다른 사람으로부터 긍정적 강화를 유도하는 사회적 기술이 미숙하거나 불쾌한 혐오적 자극상황에 대처하는 기술이 부족한 경우다.

이러한 사회적 기술이 부족한 사람은 타인으로부터 칭찬과 인정을 받을 만한 행동을 하지 못하거나 타인에게 불쾌한 기분을 유발하여 거부당하게 된다. 따라서 긍정적 강화가 감소하고 불쾌한 경험이 증가하게 된다. 또한 혐오적 자극상황(예: 친구들의 놀림이나 공격행동)에 대처하는 기술(예: 자기표현적 대처행동)이 부족한 경우에는 무기력해지고 그 결과 우울증으로 발전할 수 있다.

마지막으로, 긍정적 경험을 즐기는 능력은 부족한 반면에 부정적 경험에 대한 민감성이 높은 경우다. 우울증에 취약한 사람은 긍정적 강화는 덜 긍정적인 것으로 받아들이고 부정적 처벌은 더 부정적으로 받아들이는 경향이 있다. 이러한 경향으로 인해 이들은 어떤 행동을 하고 나서 작은 즐거움과 커다란 불쾌감을 경험하게 된다. 따라서 이들은 활동을 축소하게 되고 그 결과 긍정적 강화 역시 감소하게 되며, 결국에는 활동의 결여 상태인 우울 상태에 이르게 된다.

사회적 기술과 우울증

행동주의적 관점에서 보면, 우울증은 대인관계에서 사랑, 인정, 칭찬, 격려와 같은 긍정적 강화를 받지 못하고 오히려 거절, 무시, 비판, 따돌림과 같은 부정적 영향을 받음으로 인해 생겨난다고 할 수 있다. 이런 점에서 대인관계에서 긍정적 강화를 유도할 수 있고 부정적 영향을 피할 수 있는 사회적 기술은 우울증과 매우 밀접한 관계를 맺고 있다. 사회적 기술social skill이란 '긍정적으로 강화될 행동은 표현하고, 처벌되거나 소거될 행동은 표현하지 않는 복합적인 능력'으로 정의된다.

사회적 기술은 매우 다양한 기술로 구성되어 있다. 타인과 명쾌하고 효과적인 의견교환을 할 수 있는 의사소통 기술communication skill, 자신의 긍정적 또는 부정적 감정과 생각을 적절하게 나타낼 수 있는 자기표현 기술self-expression skill, 요구나 부탁을 하거나 또는 거절을 하는 일과 같이 자신의 권리와 요구를 적절하게 주장할 수 있는 자기주장 기술self-assertion skill, 대인관계에서 생겨나는 여러 가지 문제와 갈등을 그때마다 적절하게 해결하여 파괴적 효과를 최소화하는 대인문제해결 기술interpersonal problem-solving skill 등이 사회적 기술에 포함된다.

이러한 사회적 기술이 부족한 사람은 우울증에 걸릴 가능성이 높다고 할 수 있다. 연구에 의하면, 우울한 사람들은 스스로 자신의 사회적 기술이 낮다고 평정하며, 다른 사람들도 우울한 사람들의 사회적 기술이 낮다고 평정한다고 한다. 사회적 기술은 기본적으로 학습되는 것이며, 개인의 관심과 노력에 의해서 향상될 수 있다. 자신이 다른 사람을 대하는 행동방식을 유심히 관찰하고, 다른 사람과 친밀하고 효과적인 관계를 맺을 수 있는 행동방식을 새롭게 시도하고 발전시켜나가는 노력을 통해서 사회적 기술이 향상될 수 있다.

사회적 기술이 향상되면 대인관계 속에서 긍정적 경험을 많이 하게 되고, 결과적으로 즐겁고 만족스러운 삶으로 변화될 수 있다. 이런 점에서 사회적 기술은 행복한 삶을 위해 필요한 매우 중요한 기술이라고 할 수 있다.

3) 코인의 설명

제임스 코인James Coyne은 행동주의적 입장과 정신역동적 입장을 절충하여 우울증을 자존감의 손상과 미숙한 대인행동으로 설명한다(Coyne, 1976). 그는, 우울증은 사랑의 중독증처럼, 타인의 사랑과 인정을 지나치게 갈구하는 경향에서 비롯된다고 보았다. 우울한 사람은 중요한 타인의 애정과 돌봄이 늘 부족하다고 생각하고, 따라서 자기의 손상된 자존감을 회복하고 위안을 얻고자 끊임없이 다른 사람을 찾는 중독자처럼 행동한다는 것이다.

이런 입장에서 보면, 우울한 행동은 타인에게 도움을 요청하는 절박한 몸짓이다. 그러나 사랑과 돌봄에 대한 우울한 사람의 지속적 요구는 가족이나 친구에게는 부담이 될 수 있다.

따라서 피상적 수준에서 관심을 기울여주거나 형식적인 관계를 유지할 수는 있으나, 요구가 지나칠 경우에는 오히려 무관심해지거나 거리를 두고 피하게 된다. 그 결과 우울한 사람은 주변 사람들로부터 긍정적 강화를 받지 못하고 더욱 거부되고 따돌림을 당하는 느낌을 받게 되어 자존감이 저하되면서 우울증으로 발전하게 된다. ◆

5. 학습된 무기력 및 귀인 이론

우울증을 설명하는 주요한 이론 중의 하나가 학습된 무기력 이론이다. 이 이론은 1975년 마틴 셀리그만Martin Seligman에 의해 처음 제기되었으며, 귀인 이론으로 개정 과정을 거친 후에 현재는 무망감 이론으로 발전하였다.

1) 학습된 무기력 이론

학습된 무기력 이론learned helplessness theory은 개의 조건형성 실험 과정에서 우연히 발견된 사실로부터 발전되었다. 이 실험의 1단계에서는 개가 도망가지 못하도록 묶어놓은 상태에서 하루 동안 전기충격을 주었다. 2단계에서는 개를 자유롭게 풀어놓아 옆방으로 도망갈 수 있는 상태에서 전기충격을 주었다. 이때 개는 도망갈 수 있음에도 불구하고 마치 포기한 듯

꼼짝하지 않은 채 전기충격을 그대로 다 받았다. 반면에 1단계 실험을 거치지 않은 다른 개는 2단계 실험에서 전기충격이 주어지자 곧바로 옆방으로 도망가서 전기충격을 피했다.

더욱 놀라운 것은, 1단계 실험을 경험한 개는 옆방으로 도망가면 전기충격을 피할 수 있다는 것을 경험하고 나서도 다시 전기충격이 주어졌을 때 옆방으로 도망가지 않고 그 충격을 그대로 받았다는 것이다. 즉, 개는 전기충격을 피할 수 없다는 무력감을 학습하여 전기충격을 피할 수 있는 새로운 상황에서도 무기력하게 행동하며 전기충격을 받는다는 것이 학습된 무기력 이론의 골자다.

이와 마찬가지로, 좌절 경험을 많이 한 사람은 자신이 어떻게 행동해도 절망스러운 결과가 돌아올 것이라는 무력감이 학습되어 상황을 변화시키기 위한 어떠한 노력도 하지 않게 된다. 이러한 점들은 사람을 대상으로 한 실험실 연구에서 확인되었다. 즉, 피험자가 통제할 수 없는 혐오스러운 소음을 계속 들려주거나 풀 수 없는 문제를 주어 반복적으로 실패 경험을 하게 했을 경우, 피험자들은 소음을 줄일 수 있거나 문제를 성공적으로 풀 수 있는 새로운 상황에서도 노력을 포기해버리는 무기력한 반응을 보였다.

그러나 학습된 무기력 이론으로 인간의 우울증을 설명하는 데에는 몇 가지 한계가 있었다. 우선 사람의 경우, 그러한 상황에서 무기력해지는 이유는 동물 실험에서처럼 조건형성에 의해 수동적으로 학습된 것이라기보다는, 상황을 통제하지 못할 것이라는 '미래에 대한 부정적 기대' 때문이라는 반론이 제기되었다. 사람들은 어떤 부정적 결과가 자신과 무관하게 통제불능 상황에 의해 생겨난 것인데도 실패에 대해서 왜 자신을 책망하는 것인가? 또한 학습된 무기력 이론에서 우울증이 발생하는 과정은 설명이 가능하지만, 우울 증상의 강도나 만성화 정도가 어떻게 결정되는지에 대해서는 설명할 수 없었다.

2) 우울증의 귀인 이론

학습된 무기력 이론이 지니고 있는 문제점을 해결하기 위해서, 1978년 린 아브람슨Lyn Abramson과 그의 동료들에 의해서 개정된 무기력 이론이 제안되었다. 이 개정 이론은 사회심리학의 귀인 이론을 수용하여 우울증을 설명하기 때문에 우울증의 귀인 이론attributional theory of depression이라고 부르기도 한다. 아브람슨 등은 사람을 피험자로 하여 소음이나 풀 수 없는 문제를 주어 실패 경험을 하게 하는 실험을 하였을 때 동물과는 다른 심리적 과정을 발견하였다. 즉, 사람은 자기가 통제할 수 없는 상황에 놓였을 때 그 원인에 대한 질문을 하게 된다는

🔑 귀인 이론

우울증에 대한 귀인 이론을 이해하기 위해서 먼저 사회심리학에서 언급되는 귀인 이론을 살펴보기로 한다. 귀인(attribution)은 '결과의 원인을 ～으로 돌린다'는 뜻으로서, 자신이나 타인이 한 행동의 결과에 대해서 그 원인을 추론하는 과정이며, 귀인의 결과는 개인의 행동에 지대한 영향을 미친다. 우리는 한 사람의 행동이나 결과를 보고 그 원인을 여러 가지 방식으로 귀인하게 되는데, 크게 3가지 방향의 귀인이 이루어진다.

가장 주된 귀인 방향은 내부적-외부적 귀인이다. 내부적 귀인internal attribution은 행위자의 내부적 요인(예: 성격, 능력, 동기)에 그 원인을 돌리는 것이다. 이와는 반대로 외부적 귀인external attribution은 행위자의 밖에 있는 요소인 환경, 상황, 타인, 우연, 운 등의 탓으로 원인을 돌리게 되는 경우를 말한다.

두 번째는 안정적-불안정적 귀인이다. 안정적 귀인stable attribution은 그 원인이 내부적인 것이든 외부적인 것이든 시간이나 상황에 상관없이 비교적 변함이 없는 원인에 돌리는 경우를 의미한다. 반면에, 불안정적 귀인unstable attribution은 자주 변화될 수 있는 원인에 돌리는 경우다. 예를 들면, 내부적 요인 중에서도 성격이나 지적 능력은 비교적 안정된 요인이라고 할 수 있지만 노력의 정도나 동기는 변화되기 쉬운 요인이다.

세 번째는 전반적-특수적 귀인global-specific attribution이다. 이 차원은 귀인요인이 얼마나 구체적으로 한정되어 있는지의 정도를 의미한다. 예를 들면, 이성에게 거부당한 일에 대해서 성격이라는 내부적-안정적 귀인을 한 경우에도 그의 성격 전반에 귀인할 수도 있고 그의 성격 중 '성급하다'는 일면에만 구체적으로 귀인할 수도 있다. 수학 과목에서 성적이 나쁘게 나와 자신의 능력부족에 귀인할 경우, '나는 머리가 나쁘다'고 일반적인 지적 능력의 열등함에 귀인할 수 있고 '나는 수리능력이 부족하다'고 구체적인 지적 능력에만 귀인할 수도 있다.

자신이나 타인의 행동에 대해서 그 원인을 어떻게 귀인하느냐에 따라 감정과 행동이 달라지게 된다. 일반적으로 사람들은 자존감을 유지하기 위해서 방어적 귀인defensive attribution을 하는 경향이 있다. 즉, 좋은 결과는 자신의 탓으로 돌리고 나쁜 결과는 외부적 요인으로 돌리는 경향(예: 상황 탓, 남 탓, 조상 탓, 못자리 탓 등)이 있다. 그러나 우울한 사람들은 이와는 반대의 경향이 나타난다는 것이 개정된 무기력 이론의 골자다.

것이다.

이러한 심리적 과정은 사회심리학에서 어떤 결과에 대한 원인을 추정하는 귀인 현상과 유사하게, 통제불능 상태가 자신 때문인지 아니면 외부적 상황 때문인지를 판단하는 귀인 방향에 따라서 무기력 양상이 달라짐을 발견하게 되었다. 이러한 발견에 근거하여 우울증에 취약한 사람은 독특한 인지적 특성을 지니며, 이러한 인지적 특성은 어떤 결과에 대한 원인을 설명하는 귀인양식에 반영된다고 할 수 있다.

아브람슨의 주장에 따르면, 우울증에 취약한 사람들은 실패 경험에 대해서 내부적 · 안정적 · 전반적 귀인을 하는 경향이 있다. 이러한 3가지 귀인양식은 우울증의 3가지 측면과 관련되어 있다. 즉, 실패 경험에 대한 내부적-외부적 귀인은 자존감 손상과 우울증의 발생에 영향을 미치고, 안정적-불안정적 귀인은 우울증의 만성화 정도와 관련되어 있으며, 전반적-특수적 귀인은 우울증의 일반화 정도를 결정하게 된다. 이러한 관계를 자세히 설명하면 다음과 같다.

첫째, 실패 경험(예: 성적불량, 사업실패, 애인과의 결별 등)에 대해서 내부 귀인(예: 능력부족, 노력부족, 성격적 결함 등)을 하게 되면 자존감에 손상을 입게 되어 우울감이 증진된다. 그러나 같은 실패 경험이라도 외부에 귀인(예: 잘못된 시험문제, 전반적 경기불황, 애인의 변덕스러움 등)을 하게 되면 자존감의 손상은 줄어든다. 즉, 실패한 결과가 자신의 부정적 요인 때문이라는 평가를 하게 될 경우에만 자기책망을 통해 자존감에 상처를 입게 되어 우울증으로 발전하게 된다는 것이다.

둘째, 실패 경험에 대한 안정적 귀인이 우울증의 만성화와 장기화에 영향을 미친다. 실패 경험을 능력부족이나 성격적 결함과 같은 안정적 요인에 귀인하게 되면 무기력과 우울감이 장기화될 수 있다. 왜냐하면 능력이나 성격은 쉽게 변화될 수 없는 지속적 요인이며, 이런 요인에 문제가 있다면 부정적 결과가 지속적으로 발생할 것이라고 믿어버리기 때문이다. 그러나 실패를 노력부족 등과 같은 일시적인 불안정한 요인에 귀인하게 되면 일시적으로 무기력할 수는 있으나 곧 회복될 것이다.

마지막으로, 실패 경험에 대한 전반적-특수적 귀인은 우울 증의 일반화에 영향을 미친다. 즉, 실패 경험을 전반적 요인 (예: 전반적 능력부족, 성격 전체의 문제 등)에 귀인하게 되면 우울증이 전반적인 상황으로 일반화될 수 있다. 예를 들어, 성적 불량에 대해서 수학과 관련된 능력에만 문제가 있는 것이 아니라 전반적인 지적 능력의 부족 때문이라고 전반적 귀인을 하게 되면 수학시험뿐만 아니라 모든 과목의 시험에서 무기력한 행동을 보이게 될 것이다.

이처럼 우울한 사람들은 실패 경험에 대해서는 지나치게 내부적·안정적·전반적 귀인을 하는 반면, 성공 경험에 대해서는 지나치게 외부적·불안정적·특수적 귀인을 하는 경향이 있다. 이러한 귀인방식을 우울유발적 귀인depressogenic attribution이라고 부른다. 이러한 귀인방식은 비현실적으로 왜곡되어 있다는 점에서 일종의 귀인 오류attributional error라고 할 수 있다.

우리 사회에는 좋은 일은 자신의 탓으로 돌리고 나쁜 일은 남의 탓으로 돌리는 비양심적인 사람이 많아서 문제가 되고 있다. 그러나 우울증의 귀인 이론에 따르면, 나쁜 결과를 모두 자신의 탓으로만 돌리려는 지나치게 양심적인 태도도 정신건강에는 좋지 않다. 모든 책임을 자신이 짊어지는 지나치게 양심적이고 책임감이 강한 사람일수록 긍정적 결과에 대해서는 자신보다 남에게 공을 돌리는 겸손한 사람인 경우가 많다. 그러나 이러한 우울유발적 귀인을 계속하게 되면 즐거움은 적고 괴로움만 많은 삶이 되어 우울증으로 발전할 수 있다. 우울증의 귀인 이론은 좋은 일이든 나쁜 일이든 각자의 몫만큼 책임을 지는 공정한 귀인이 바람직함을 보여준다.

3) 무망감 이론

우울증의 귀인 이론 역시 귀인양식만으로 우울증을 설명하는 데에는 여러 가지 한계가 노출되었다. 즉, 귀인양식만으로는 우울증의 정도를 설명하기 어려울 뿐만 아니라 이러한 귀인양식이 적용될 수 있는 부정적인 생활 스트레스가 우울증 유발의 중요한 요인으로 포함되어야 한다는 주장이 제기되었다. 이에 따라 1988년에 아브람슨과 그의 동료들은 스트레스-취약성 모델을 수용하여 무망감 이론hopelessness theory으로 발전시켰다.

이 이론에서는 무망감hopelessness을, '높은 가치를 부여하는 결과의 발생에 대한 부정적인 기대와 이러한 결과의 발생에 대한 무력감'이라고 정의하면서, 우울증을 유발하는 가장 중요한 요인으로 보았다. 이러한 무망감은 구체적인 부정적 생활사건에 대한 내부적·안정적·전반적 귀인에 의해서 생겨난다. 즉, 무망감 이론은 우울유발적 귀인양식을 우울해지기 쉬운 취약성으로 간주하며, 부정적 생활사건이 발생하여 이러한 귀인양식이 적용되었을 때 무망감이 생겨난다는 것이다.

이런 점에서 무망감 이론은 우울증이 발생시키는 무망감이 생겨나기 위해서는 부정적 생활사건(스트레스)과 우울유발적 귀인양식(취약성)이 있어야 한다는 스트레스–취약성 모델에 근거한다고 볼 수 있다. ❖

6. 인지 이론

우울증의 인지 이론cognitive theory of depression은 1960년대에 아론 벡Aaron Beck에 의해 주장되고 그의 동료들에 의해서 발전된 것으로, 현재 우울증을 설명하는 가장 유력한 설명체계로 여겨지며 인지치료의 근거가 되고 있다.

벡(Beck, 1967, 1976; Beck, Rush, Shaw, & Emery, 1979)에 따르면, 우울증의 인지 이론은 인간이 능동적인 의미 구성적 존재라는 철학적 관점에 근거하고 있다. 즉, 인간은 주변환경에 의미를 부여함으로써 세상을 구성하는 능동적인 존재라는 점에 초점을 두고 있다. 따라서 인간의 감정과 행동은 환경자극 자체보다는 그 자극에 부여한 의미에 의해서 결정된다고 본다. 이러한 관점은 "인간이 고통받는 것은 사건 그 자체 때문이 아니라 사건에 대해 지니는 견해 때문"이라는 스토아 철학자 에픽테토스Epictetus의 말에 잘 나타나 있다. 이런 점에서

인지 이론은 인간의 삶에 대해서 구성주의적이고 현상학적인
철학적 배경을 지니고 있다.

1) 부정적인 자동적 사고

(1) 자동적 사고

인지 이론에 따르면, 한 인간을 이해하기 위해서는 그가 세
상을 어떤 의미로 구성하고 있는지를 잘 이해하는 것이 중요
하다. 즉, 우울증의 이해는 우울한 사람이 자신과 세상에 대해
서 지니고 있는 사고 내용의 이해에서부터 출발할 수 있다.

우울증의 인지 이론을 개발한 벡은 원래 정신분석적 입장
을 지니고 있었다. 그래서 우울증이 '자기에게로 향해진 분
노'라는 정신분석적 가정을 입증하기 위하여 우울증 환자의
꿈, 상상, 자유연상, 사고 내용을 조사하였다. 그러나 우울증
환자들의 사고 내용에는 분노에 대한 주제보다는 좌절, 실패,
자기부정, 절망 등과 같은 주제의 부정적인 사고가 중심을 이
루고 있음을 발견하였다. 이러한 발견으로 인해 벡은 정신분
석적 설명에 회의를 갖게 되었다. 이후 그는 새로운 관점에서
우울증 환자의 사고 과정을 면밀하게 연구하여 우울증에 대한
인지 이론을 개발하게 되었다.

인지 이론에 따르면, 우울증을 유발하는 일차적인 요인은

부정적이고 비관적인 생각이다. 우울한 사람의 내면세계를 자세히 조사해보면 부정적이고 비관적인 생각이 만연되어 있다. 이러한 부정적인 생각은 기분을 우울하게 할 뿐만 아니라 부적응적 행동을 초래한다.

우울한 사람이 지니는 부정적인 사고 과정은 흔히 자신에게 잘 자각되지 않는 경우가 많다. 왜냐하면 부정적 생각들이 재빨리 순간적으로 스쳐 지나가기 때문이다. 따라서 사고 내용보다는 그 결과로 나타나는 우울한 기분만이 느껴지게 된다. 물론 자신의 사고 과정에 의식적으로 주의를 기울이면 사고 내용이 자각될 수 있다. 그러나 복잡한 행동도 자꾸 반복하면 습관화되어 의식 없이 행해지는 것처럼, 사고 과정도 마찬가지로 어떤 생각을 자꾸 반복하게 되면 습관화되어 의식적 자각 없이 자동적으로 진행되어 흘러가게 된다. 벡은 이러한 사고 과정을 매우 중요하게 여겨 자동적 사고automatic thoughts라고 불렀다.

우울한 사람은 부정적인 내용의 자동적 사고를 하는 경향이 강해서 사소한 단서에 의해서도 부정적인 생각이 자동적으로 촉발되는 경향이 있다. 이렇게 일상생활 속에서 반복되는 부정적인 자동적 사고가 우울증을 유발하는 일차적 요인이 된다.

(2) 부정적 사고의 3가지 주제

우울한 사람이 지니는 부정적인 자동적 사고를 분석해보면, 그 내용이 크게 3가지 주제로 나누어진다. 즉, 우울한 사람은 자기 자신, 자신의 미래, 주변환경을 부정적으로 평가하는 독특한 사고방식을 지니고 있다. 이러한 3가지의 주제에 대한 독특한 사고 패턴을 인지삼제認知三題, cognitive triad라고 한다.

첫째, 우울한 사람은 자기 자신에 대해서 부정적인 생각을 많이 지니고 있다. 이들은 '나는 열등하다' '나는 무능하다' '나는 무가치하다' '나는 사랑받지 못할 것이다' '나는 다른 사람들로부터 버림을 받았다' 등의 부정적인 생각을 지닌다.

우리는 일상생활 속에서 늘 자신을 평가하며 '나는 어떤 사람이다' 라는 생각을 지니고 산다. 이를 심리학에서는 자기개념self-concept이라고 한다. 자기개념은 인간의 행동과 정서에 영향을 미치는 매우 중요한 심리적 요인이다. 우울한 사람은 생활 속에서 부정적 사건들을 경험하면서 자기 자신에 대한 부정적 평가를 하게 되고 결국 부정적인 자기개념을 지니게 된다. 여기에서 주목해야 할 것은, 우울한 사람은 자신에 대해 실제 이상으로 과장되게 부정적인 평가를 한다는 점이다.

둘째, 우울한 사람은 자신의 미래에 대한 부정적 생각들을 지니고 있다. '나의 미래는 비관적이고 암담하다' '내가 어떤 노력을 하더라도 이 어려운 상황은 개선될 수 없다' '앞으로 상황은 점점 더 악화되고 나의 심리적 고통은 점점 더 커질 것이다' 등의 생각이다. 현재의 상황이 아무리 부정적이라도 미래에 대한 희망을 지니는 사람은 우울증에 빠지지 않는다. 미래에 대한 비관적인 생각은 우울한 사람을 더욱 괴롭히며, 상황의 개선을 위한 적극적인 노력을 하지 않게 만든다.

마지막으로, 우울한 사람은 주변환경에 대한 부정적 생각들을 지니고 있다. '내가 처한 상황은 너무 열악하다' '이 세상은 살아가기에 너무 힘들다' '주변 사람들은 너무 이기적이고 경쟁적이며 적대적이다' '나를 이해하고 도와줄 사람이 없다' '다들 나에게 무관심하고 나를 무시하고 비난할 것이다' 등의 생각을 하게 된다. 이들의 세상에 대한 부정적 생각은 타인에게 적극적인 도움을 요청하지 않고 사회적으로 위축되어 고립되는 결과를 초래하게 된다.

(3) 우울증과 자동적 사고의 관계

우울한 사람은 흔히 부정적인 생활사건(예: 실직, 사업실패, 실연, 이혼 등) 때문에 우울해졌다고 생각한다. 그러나 우리를 우울하게 만드는 것은 생활사건 그 자체가 아니라 생활사건에 대한 우리의 부정적인 생각이다. 물론 이러한 부정적인 생각

〈우울증의 인지모형 I〉

들은 자동적 사고의 형태로 재빨리 지나가기 때문에 우울한 사람 자신에게는 잘 자각되지 않을 수 있다. 그래서 이들은 흔히 생활사건 이후 '왠지 그냥' '나도 모르게' '이유도 없이' 우울해지고 의욕이 사라지며 살기가 싫어진다고 말한다. 즉, 부정적인 자동적 사고는 생활사건과 우울 증상을 매개하는 심리적 요인이라고 할 수 있다. 우울증의 인지 이론은 이러한 심리적 매개요인인 자동적 사고의 역할을 중시하는 이론이라고 할 수 있다.

(4) 부정적 사고와 긍정적 사고의 균형

우리는 누구나 일상생활 속에서 긍정적 생각과 부정적 생각을 동시에 지니며 살아간다. 로버트 슈와르츠Robert Schwartz와 같은 인지 이론가는 이러한 긍정적 생각과 부정적 생각의 비율이 기분 상태를 결정하는 중요한 요인이라고 주장한다(Schwartz, 1986).

심리적으로 건강한 사람은 긍정적 사고와 부정적 사고가

대체로 1.6 대 1.0의 황금비로 적절한 균형을 이루고 있으며, 우울증은 부정적 생각이 압도적으로 많아지거나 긍정적 사고가 현저하게 감소하여 황금비의 균형이 무너진 상태라는 것이다. 이와는 반대로, 기분이 비정상적으로 고양되는 조증mania은 긍정적인 사고가 증폭하고 부정적인 사고가 감소한 상태라고 볼 수 있다. 이러한 조증 상태에서는 자신을 과대평가하여 비현실적인 거창한 계획을 세우고 무모하게 행동하여 결과적으로 실패와 부적응을 초래하게 된다.

긍정적 사고와 부정적 사고의 비율은 우리의 삶에 중요한 의미를 지닌다. 긍정적 사고는 우리에게 낙관적인 기대와 더불어 의욕과 활기를 불어넣는 삶의 추진기인 반면, 부정적 사고는 비관적 기대와 더불어 삶의 폭과 속도를 감소시키는 삶의 제동기라고 할 수 있다. 자동차에는 추진기와 제동기가 모두 필요하듯이, 우리의 삶에도 긍정적 사고와 부정적 사고가 모두 필요하다.

우리가 자신에 대한 과대평가의 환상 속에서 삶을 지나치게 확장하며 무모하게 과속할 때, 삶의 속도를 조절하게 해주는 제동기가 바로 부정적인 생각인 것이다. 반면, 자신감을 잃고 슬럼프에 빠져 침체된 삶을 살고 있을 때, 우리에게 희망과 용기를 갖게 해주는 가속기가 바로 긍정적 생각인 것이다. 따라서 심리적으로 건강한 사람은 삶의 추진기와 제동기를 모두

구비하고 적절하게 사용하는 사람이라고 할 수 있다. 즉, 긍정
적 사고와 부정적 사고의 적절한 균형이 건강한 삶의 비결이
라고 할 수 있다.

2) 인지적 오류

우울한 사람은 자신, 미래, 주변환경에 대해서 부정적이고
비관적인 생각을 지니고 있다. 그렇다면 우울한 사람은 왜 부
정적인 생각을 많이 하는 것인가? 실제로 자신이 그토록 못나
고 열등하며 무가치하기 때문인가? 자신의 미래가 그토록 어
둡고 절망적이며 주변 사람들이 실제로 그토록 비판적이고 적
대적이기 때문인가?

인지 이론가들에 따르면, 우울한 사람이 지니는 부정적인
생각들은 대부분 현저하게 왜곡되고 과장된 것이다. 즉, 우울
한 사람은 다른 사람이 생각하는 것보다 자기 자신과 주변 현
실을 부정적인 방향으로 과장하고 왜곡하는 경향이 있다. 이
런 점에서 우울한 사람은 비현실적인 부정적 생각을 많이 지
닌 사람이라고 할 수 있다.

물론 우울한 사람은 자신의 부정적 생각이 현실을 사실적
으로 반영한 생각이라고 느낄 것이다. 심지어는 자신의 부정
적 생각이 조금도 의심할 여지가 없는 자명한 사실이라고 확

신하는 우울증 환자가 많다. 그러나 우울한 사람이 현실을 부정적으로 왜곡한다는 점은 여러 연구에서 이미 잘 입증된 사실이다.

그렇다면 우울한 사람은 어떻게 현실을 부정적으로 왜곡하고 과장하는가? 현실을 부정적으로 왜곡하고도 자신의 생각이 사실적인 생각이라고 믿게 되는 것인가? 이러한 물음에 대해서 인지 이론가들은 인지적 오류 때문이라고 대답한다. 인지적 오류cognitive error란 우울한 사람들이 생활사건의 의미를 해석하는 과정에서 흔히 범하게 되는 논리적 잘못을 뜻한다. 이러한 인지적 오류를 하나씩 살펴보기로 한다.

(1) 흑백논리적 사고

우울한 사람은 세상을 흑백논리적으로 해석하고 평가하는 경향이 있다. 즉, 생활사건의 의미를 이분법적인 범주의 둘 중의 하나로 해석하는 오류를 범하게 되는데, 이를 흑백논리적 사고all or nothing thinking 또는 이분법적 사고dichotomous thinking라고 한다. 예를 들어, 타인의 반응을 '나를 좋아하고 있는가' 아니면 '나를 싫어하고 있는가'의 둘 중의 하나로 해석하며 그 중간의 의미를 인정하지 않는 경우다. 자신의 성취에 대해서 '성공'아니면 '실패'로 판정하며 대인관계에서는 '나를 받아들이는가'아니면 '나를 거부하는가'또는 '내 편인가'

아니면 '상대편인가' 등의 흑백논리적으로 판단하며 회색지
대를 생각하지 못하는 경우다.

> A군은 상점에 가서 물건을 살 때마다 기분이 좋지 않다.
> 왜냐하면 판매원이 자신을 싫어하기 때문이다. 상대방이 자
> 신을 싫어한다고 생각하는 이유는 그들이 아무 말도 없이
> 무표정하게 물건을 건네주기 때문이다. A군은 판매원이 웃
> 음을 짓거나 상냥하게 인사를 건네며 친절하게 대하지 않으
> 면 자신을 싫어한다고 생각한다. 왜냐하면 A군에게는 좋아
> 함과 싫어함의 2가지 구분밖에 없기 때문이다.

사람은 친하지 않은 사람을 대할 때 좋아하지도 싫어하지
도 않는 중립적인 감정을 지니는 경우가 많다. 그러나 이분법
적 사고를 지닌 사람은 그러한 중립지대를 인정하지 않는다.
따라서 A군은 자신에게 분명하게 호감과 친절을 보이지 않는
사람은 자신을 싫어한다고 생각하는 오류를 범하고 '사람들
이 나를 싫어한다' '내가 못생겼기 때문이다' '나의 외모는
다른 사람에게 혐오감을 준다'와 같은 부정적 생각을 발전시
켜 우울증에 빠져들게 되는 것이다.

(2) 과잉일반화

과잉일반화overgeneralization는 한두 번의 사건에 근거하여 일반적인 결론을 내리고, 무관한 상황에도 그 결론을 적용시키는 오류다. 예를 들어, 이성으로부터 두세 번의 거부를 당한 남학생이 자신감을 잃고 '나는 항상, 누구에게나, 어떻게 행동하든지 거부를 당한다'라고 생각하는 것은 지나친 일반화라고 할 수 있다. 시험이나 사업에 몇 번 실패한 사람이 '나는 어떤 시험(또는 사업)이든 나의 노력과 상황 변화에 상관없이 또 실패하게 될 것이다'라고 생각하는 경우도 이에 해당한다.

과잉일반화를 하게 되면 대인관계에서 타인으로부터 비난을 당하고 나서 '모든 사람은' '항상' '어떤 상황에서나' 적대적이고 공격적이라고 생각할 수 있다.

B군은 미팅에 나가서 파트너에게 다시 만날 것을 제의하였으나 거절당한 경험이 서너 번 있다. 이렇게 거절당한 이유는 자신의 키가 작기 때문이라고 생각했다. 이런 거절 경험을 하고 난 B군은 요즘 여자들은 '누구나' 사람을 키와 같은 외모로 판단한다고 생각한다. 따라서 자신이 '어떻게 행동하든지' 여자로부터 거절당하게 되어 있다고 생각하여 다시는 미팅에 나가지 않으며 모든 여성에 대해 분노 감정을 지니게 되었다.

B군은 서너 번의 거절 경험에 근거하여 자신이 모든 여성으로부터 거절당할 것이라는 과잉일반화의 오류를 범하고 있는 것이다.

(3) 정신적 여과

어떤 상황에서 일어난 여러 가지 일 중에서 일부만을 뽑아내어 상황 전체를 판단하는 경우가 있다. 예를 들어, 친구와의 대화에서 주된 내용이 긍정적이었음에도 불구하고 친구의 몇 마디 부정적인 내용에 근거하여 '그 녀석은 나를 비판했다' '그 녀석은 나를 좋아하지 않는다'라고 해석한다. 이와 같이 사건의 주된 내용은 무시하고 특정한 일부의 정보에만 주의를 기울여 전체의 의미를 해석하는 오류를 정신적 여과mental filter라고 하며, 선택적 추상화selective abstraction라고 부르기도 한다.

C교수는 강의를 하고 나면 기분이 우울해지고 좌절감을 느끼게 된다. 왜냐하면 학생들이 자신의 강의에 재미를 느끼지 못하고 싫증을 느끼고 있다고 생각하기 때문이다. 그가 그렇게 생각하는 이유는 강의시간마다 졸고 있는 서너 명의 학생들이 항상 눈에 띄기 때문이었다.
수십 명의 학생에게 강의를 하는 C교수는, 열심히 강의를 듣고 있는 대다수의 학생보다 졸고 있는 서너 명의 학생에 근거하여 '내 강의가 재미없나 보다. 학생들이 싫증을 내고 있다. 내가 강의를 잘 못하고 있구나'라는 부정적 생각을 하고 우울해지는 것이다.

(4) 의미확대 또는 의미축소

어떤 사건의 의미나 중요성을 실제보다 지나치게 확대하거나 축소하는 오류를 의미확대magnification 또는 의미축소minimization라고 한다. 우울한 사람은 부정적인 일의 의미는 크게 확대하고 긍정적인 일의 의미는 축소하는 잘못을 범하는 경향이 있다. 예를 들어, 친구가 자신에게 한 칭찬은 듣기 좋으라고 지나가는 말로 한 이야기라고 축소하여 해석하는 반면, 비판에 대해서는 평소 친구의 속마음을 드러낸 중요한 사건이라고 확대하여 받아들이는 경우다. 또 자신의 단점이나 약점에 대해서는 매우 걱정하면서 자신의 장점이나 강점은 별것 아닌 것으로 과소평가하는 경우가 이러한 오류에 속한다.

때로 이런 경향성은 자신을 평가할 때와 타인을 평가할 때 적용하는 기준을 달리하는 이중기준double standard의 오류로 나타날 수 있다. 예를 들어, 자신의 잘못에 대해서는 매우 엄격하고 까다로운 기준을 적용하여 심하게 자책하는 반면, 타인이 행한 같은 잘못에 대해서는 매우 관대하고 후한 기준을 적용하여 별 잘못이 아닌 것으로 평가하는 것을 말한다.

(5) 개인화의 오류

자신과 무관한 사건을 자신과 관련된 것으로 잘못 해석하는 오류를 개인화personalization의 오류라고 한다.

> D군이 도서관 앞을 지나가는데 마침 도서관 앞 벤치에 앉아서 이야기하고 있던 학생들이 크게 웃었다. 사실 이들은 자신들의 이야기 때문에 웃은 것이었지만, D군은 그들이 자신을 보고 웃었다고 생각하였다.

> E양은 멀리서 걸어오는 친구를 보고 가까이 오면 반갑게 인사를 건네려고 하였다. 그런데 그 친구는 오던 방향을 바꾸어 옆 골목으로 들어가 버렸다. 친구는 옆 골목에 있는 가게에 가는 중이었다. 그런데 E양은 이를 보고 '그 친구가 나에게 나쁜 감정이 있어서 날 피하는 걸 거야'라고 해석하였다.

(6) 잘못된 명명의 오류

사람들의 특성이나 행위를 기술할 때 과장되거나 부적절한 명칭을 사용하는 것을 잘못된 명명mislabelling의 오류라고 한다.

예를 들어, 자신의 잘못을 과장하여 '나는 실패자다' '나는 인간쓰레기다'라고 자신에게 부정적인 명칭을 부과하는 것이다. 자기 자신이나 타인에게 '돌대가리' '성격이상자' '정신 이상자' '사이코' '변태' 등의 과장된 명칭을 부과하는 경우도 잘못된 명명의 예다. 어떤 행동이나 사건을 기술할 때 사용하는 용어가 과장되거나 부적절한 경우도 이에 속한다. 예를 들어, 상대방이 데이트 신청을 받아들이지 않을 때 '나는 채였다'라고 기술함으로써 자신의 상황을 더 비참한 것으로 만들기도 한다.

이러한 잘못된 명명은 개인의 행동을 그러한 명칭에 맞도록 유도하는 결과를 초래할 수도 있다. 앨버트 반두라Albert Bandura에 의하면, 인간은 자기가 선정한 기대에 스스로 자신의 행동을 맞추어가는 자기충족적 예언self-fulfilling prophecy 경향이 있다고 한다. 즉, 자신을 '실패자'로 규정하는 사람은 미래의 상황에서도 자신이 실패자로 행동할 것이라고 예측하게 되고, 따라서 실제 상황에서 실패자처럼 행동하게 될 수 있다는 것이다.

(7) 독심술적 오류

충분한 근거 없이 다른 사람의 마음을 마음대로 추측하고 단정하는 것을 독심술적 오류mind-reading라고 한다. 이것은 마

치 다른 사람의 마음을 들여다볼 수 있는 독심술사처럼 매우
모호하고 사소한 단서에 의해서 다른 사람의 마음을 함부로
단정하는 오류다. 이런 오류를 범하는 사람은 자신이 타인의
마음을 정확하게 꿰뚫어 볼 수 있는 능력을 지녔다고 믿는 경
우가 많다. 그러나 많은 경우, 상대방의 마음을 확인할 방법이
없기 때문에 자신의 판단이 옳았다고 생각하게 된다. 또 그러
한 판단하에서 상대방에게 행동하기 때문에 상대방의 행동을
통해 자신의 판단이 옳았다고 확신하게 된다.

F군은 여자친구가 예전처럼 자신에게 밝은 표정을 보여
주지 않자 자기에 대한 애정이 식은 것으로 생각했다. 나아
가서 그녀에게 다른 남자친구가 생겼는데 누구를 선택해야
할지 갈등이 생겨서 표정이 어두워진 것이라고 생각했다.
이렇게 생각한 F군은 기분이 상해서 여자친구에게 은근히
불쾌한 말을 하게 되었다. 그러자 불쾌한 말을 들은 그녀는
반발하게 되었고 급기야 두 사람 사이가 악화되었다. 이러
한 결과에 대해서 F군은 그녀가 본래 자신에 대한 애정이
식었었기 때문에 이렇게 예민하게 반응하게 된 것이며, 자
신의 판단이 옳았다고 생각한다. 이러한 행동을 계속적으로
보이자 여자친구는 F군에게 실망하고 자신에게 호감을 보
이던 다른 남자와 자주 만나게 되었다. 이를 알게 된 F군은

자신의 판단이 옳았다는 확증을 얻게 되었다.

(8) 예언자적 오류

예언자적 오류fortune telling는 충분한 근거 없이 미래에 일어날 일을 단정하고 확신하는 오류다. 마치 미래의 일을 미리 볼 수 있는 예언자인 양, 앞으로 일어날 결과를 부정적으로 추론하고 이를 굳게 믿는 오류다.

> G양은 미팅에 나가면 보나마나 호감 가는 이성과 짝이 되지 않거나 호감 가는 이성에게 거부당할 것이 분명하다고 믿고 있다. G양은 이와 유사한 몇 번의 경험에 근거하여 이렇게 단정하고 미팅에 나가지 않았고, 미팅에 나가지 않기 때문에 자신의 예상이 잘못되었다는 것을 확인할 길이 없었다. 미팅에 나간다 하더라도, 스스로 거부당할 것이라는 기대에 맞추어 적극성을 보이지 않음으로 인해 상대방으로부터 거부당하게 된다. 따라서 G양은 자신의 예상이 옳았다는 생각을 굳히게 되는 것이다.

(9) 감정적 추리의 오류

충분한 근거 없이 막연히 느껴지는 감정에 근거하여 결론을 내리는 잘못을 감정적 추리emotional reasoning의 오류라고 한다. 즉, '내가 그렇게 느끼는 걸 보니 사실임에 틀림없다'는 식으로 생각하는 것이다. 한 예로 '그 녀석을 만나면 마음이 편치 않은 걸 보니 그 녀석이 나를 싫어하는 것이 분명해'라고 생각하는 경우를 들 수 있다. '죄책감이 드는 걸 보니 내가 뭔가 잘못했음에 틀림없어'라고 생각하는 것도 감정적 추리의 오류를 범하고 있는 것이다.

이상에서 살펴보았듯이, 우울한 사람은 다양한 인지적 오류로 인해서 현실을 실제보다 부정적으로 왜곡하고 과장하여 해석하게 되는 것이다. 다음의 그림처럼 일상생활에서 겪게 되는 크고 작은 생활사건들의 의미를 해석할 때 이러한 인지적 오류를 자주 범하게 되면 부정적인 생각을 많이 지닐 수밖에 없고, 그 결과 심리적 고통이 가중되어 우울증으로 발전하게 되는 것이다.

인지적 오류를 범하는 정도는 지능이나 교육수준과는 상관이 없다. 학문적으로는 매우 철저하게 논리적인 학자도 자신

〈우울증의 인지모형 II〉

의 사적인 생활사건의 의미를 해석할 때는 수많은 인지적 오류를 범할 수 있는 것이다. 사실 앞에서 설명한 인지적 오류들은 누구나 일상생활 속에서 가끔씩 경험하는 것이다. 다만 우울한 사람은 보통 사람에 비해서 왜곡의 정도가 심한 오류들을 좀 더 빈번하게 범한다고 할 수 있다.

3) 역기능적 신념

인지 이론은 우울증이, 힘든 상황 자체보다는 그 상황에 대해서 해석한 사고 내용에 의해서 생겨난다고 본다. 그렇다면 같은 상황에서도 사람마다 그에 대한 해석이 달라지는 이유는 무엇인가? 그것은 각 개인이 지니고 있는 인식의 틀이 다르기 때문이다. 이러한 인식의 틀을 심리학에서는 인지도식schema이라고 부른다.

우리는 어떤 자극의 의미를 해석할 때, 백지 상태에서 정보를 수집하는 것이 아니라 과거 경험에 의한 기억 내용에 영향을 받게 된다. 과거 기억은 마구잡이로 저장되어 있는 것이 아니라, 나름대로 체계적인 구조, 즉 인지도식을 지니고 있다. 이러한 인지도식은 어떤 상황에 대한 특정한 기대를 형성할 뿐만 아니라, 그 상황의 어떤 측면에 주의를 기울여 정보를 수집할 것인지를 유도하며, 이러한 정보를 어떻게 해석할 것인지 방향을 결정하게 한다. 동일한 생활사건에 대해서 해석이 달라지는 이유는 이러한 인지도식이 사람마다 다르기 때문이다.

인지 이론은 우울증의 근본 원인을 우울한 사람이 지니는 독특한 인지도식에서 찾고 있다. 우울한 사람은 생활사건의 의미를 부정적으로 해석하게 하는 독특한 인지도식을 지니고 있다는 것이다. 물론 이러한 인지도식은 과거 경험에 의해서 생겨난 것이다. 그러나 인지 이론은 끝없이 이어지는 과거 속의 원인을 추적하기보다 현재 시점에서 발견할 수 있고 치료적으로 변화시킬 수 있는 심리적 요인에서 근본 원인을 찾고자 한다.

좀 더 정확히 말하면, 우울한 사람은 어린 시절의 경험에 의해 특정한 내용의 인지도식을 형성하고, 잠재적으로 그러한 인지도식을 지니고 생활하다가 부정적인 생활사건에 부딪치면서 그 사건의 의미를 특정한 방향으로 왜곡하여 해석하게 되며, 결과적으로 우울 증상을 야기하게 된다는 것이 인지 이론의 골자다.

우울한 사람이 지니는 인지도식의 내용은 자신과 세상에 대한 역기능적 신념으로 구성되어 있다. 여기서 신념이란 자신과 세상에 대한 기본적인 원칙과 가정을 담은 믿음, 기대, 태도 등을 의미한다.

벡에 따르면, 우울한 사람은 자신과 세상에 대해서 절대주의적이고, 당위적이며, 강요적이고, 융통성이 없는 경직된 신념을 지니고 있다. 흔히 이렇게 절대주의적이고 경직된 신념은 '~해야 한다' 또는 '~해서는 안 된다'라는 당위적 명제의 형태를 지니게 된다. 또한 이들이 지닌 신념은 이상주의적이고 완벽주의적인 것이어서 현실적인 삶 속에서 실현되기 어려운 것들이며, 결과적으로 좌절과 실패를 초래하는 역기능성을 지니고 있다. 이러한 신념을 벡은 역기능적 신념 dysfunctional beliefs이라고 불렀다.

(1) 역기능적 신념의 2가지 주제

벡에 따르면, 역기능적 신념의 주된 내용은 크게 사회적 의존성과 자율성이라는 2가지 주제의 신념들로 구성된다. 사회적 의존성social dependency은 타인의 인정과 애정을 얻으려 하며 친밀한 대인관계를 유지하기 위한 노력으로, 타인을 즐겁게 하려는 경향이 강함을 의미한다. 사회적 의존성과 관련된 역기능적 신념들은 다음의 예처럼 당위적이고 경직된 내용을 지니고 있다.

- 다른 사람의 사랑과 인정 없이 나는 행복해질 수 없다.
- 나는 내 삶에서 중요한 모든 사람으로부터 사랑과 인정

을 받아야 한다.

- 다른 사람으로부터 소외되어서는 결코 행복할 수 없다.
- 다른 사람으로부터 미움을 받아서는 안 된다.
- 누군가로부터 미움을 받는다는 것은 참을 수 없이 두려운 일이다.
- 미움 받지 않으려면, 상대방의 요구가 무리하더라도 순순히 응해야만 한다.

반면, 자율성autonomy은 개인의 독립성과 성취감을 얻으려하고, 타인으로부터의 독립을 원하며, 일과 성취를 중시하고, 혼자만의 활동을 좋아하는 경향성을 말한다. 자율성과 관련된 역기능적 신념들은 다음처럼 완벽주의적 내용을 담고 있다.

- 모든 일을 완벽하게 해야 한다. 절대 실수해서는 안 된다.
- 인간의 가치는 그 사람의 성취에 의해 결정된다.
- 잘하는 게 없는 사람은 무가치하다.
- 다른 사람보다 우월해야 한다.
- 절대로 다른 사람에게 종속되거나 지배당해서는 안 된다.

사람마다 이러한 2가지 종류의 역기능적 신념을 지니는 정도가 다르다. 어떤 사람은 사회적 의존성과 관련된 역기능적 신념을 강하게 지니는 반면, 어떤 사람은 자율성과 관련된 신념에 강하게 집착한다.

벡은 우울증이 발생하는 과정을 좀 더 구체적으로 설명하는 특수 상호작용 모델specific interaction model을 제안하였다. 이 모델에 따르면, 사회적 의존성이 높은 사람은 대인관계와 관련된 부정적 사건(예: 사랑하는 사람의 죽음, 이혼, 별거, 실연 등)에 의해 우울증을 유발할 수 있는 반면, 자율성 욕구가 높은 사람은 독립성과 목표 지향적 행동이 위협받는 생활사건(예: 실직, 신체적 질병, 업적부진 등)에 의해 우울증을 발생시킨다고 한다.

(2) 역기능적 신념의 부정적 영향

역기능적 신념은 우울증의 근원적 요인으로서 개인의 적응에 부정적인 영향을 미친다. 절대주의적이고 경직된 역기능적 신념을 강하게 지닌 사람은 어떤 상황의 의미를 객관적이고 유연하게 파악하지 못하고 여러 가지 인지적 오류를 통해 과장하고 왜곡하는 경향이 나타나게 된다. 역기능적 신념은 편견이나 고정관념처럼 어떤 상황을 접할 때 특정한 방향의 기대를 갖게 만들어서, 상황의 일부 정보에 선택적으로 주의를 기울이게 할 뿐만 아니라, 수집된 정보의 의미와 중요성을 편파적으로 평가하게 한다. 이러한 경향이 생활사건의 의미

추론 과정에서 인지적 오류의 형태로 나타나게 되는 것이다.

예를 들어, 사회적 의존성과 관련된 역기능적 신념을 지닌 사람은 어떤 사람과 만날 때 그 사람이 자신을 좋아하는지 싫어하는지에 예민해지고 그 사람의 여러 가지 행동 중 특히 부정적 반응에 큰 의미를 부여하기 때문에, 대인관계 상황에서 다른 사람이 자신을 싫어할지 모른다는 생각을 자주 하게 된다. 이런 과정에서 좋아함-싫어함의 흑백논리적 사고, 거부적 반응에 선택적으로 주의를 기울이는 정신적 여과, 긍정적 반응은 경시하고 거부적 반응의 중요성을 강조하는 의미확대 및 의미축소 등의 인지적 오류가 개입되는 것이다.

더구나 이런 사람에게 실제로 대인관계에서 중요한 부정적 생활사건(예: 의지하던 가족이 사망함, 중요한 사람으로부터 거부당함 등)이 발생하게 되면, 그 사건의 의미를 크게 과장하여 부정적이고 비관적인 사고를 하게 됨으로써 우울증으로 발전할 가능성이 높아지는 것이다.

우울증의 인지 이론은 기본적으로 인지적 취약성-스트레스 모형cognitive vulnerability-stress model에 기초한다. 즉, 우울증이 유발되기 위해서는 2가지 요인이 필요한데, 하나는 환경적 요인인 부정적인 생활 스트레스이고 다른 하나는 개인적 요인인 우울증에 대한 취약성이다. 아무리 우울증에 취약한 사람이라도 환경적 스트레스가 없으면 우울증을 보이지 않으며, 아무리 생활 스트레스가 많다 하더라도 우울증에 대한 취약성을 지니지 않은 사람에게는 우울증이 유발되지 않는다. 즉, 우울증은 취약성이 있는 사람에게 부정적 생활사건이 주어졌을 때 유발될 수 있다는 것이다.

인지 이론에서 말하는 역기능적 신념이 바로 우울증에 대한 취약성을 이루고 있다. 역기능적 신념을 많이 지니고 있는 사람은 부정적 생활사건을 경험했을 때 우울증으로 발전되기 쉽다.

다음의 그림은 앞에서 소개된 2개의 설명 모형을 발전시킨 것으로서, 우울증에 영향을 미치는 인지적 요인들을 종합적으로 포괄하고 있다.

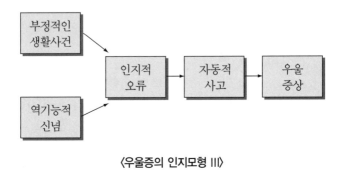

〈우울증의 인지모형 III〉

이 모형에 따르면, 역기능적 신념을 많이 지닌 사람은 부정적 생활사건을 만나게 되면 그 사건의 의미를 해석하는 과정에서 여러 가지 인지적 오류를 범하게 된다. 이러한 오류를 통해 사건의 의미를 왜곡하고 과장함으로써 부정적인 자동적 사고가 발생하게 되고, 그 결과 우울 증상으로 발전하게 되는 것이다. 이상이 벡이 주장하는 우울증에 대한 인지 이론의 주요한 내용이다. ◆

7. 자기개념과 우울증

　우울증의 핵심은 자기가치감(또는 자기존중감, 자존감)의 저하라고 할 수 있다. 즉, 자신의 인간적 가치를 찾지 못하고 스스로 자신을 무가치한 존재라고 생각할 수밖에 없을 때 우울증이 찾아든다. 이러한 자기가치감은 자기개념과 밀접한 관계를 맺고 있다. 따라서 자기개념은 우울증을 이해하기 위한 핵심적인 심리적 요인이라고 할 수 있다.

1) 자기개념의 구조

　자기개념은 인간의 행동과 정서에 영향을 미치는 매우 중요한 심리적 요인이다. 우울한 사람들은 생활 속에서 부정적 사건들을 경험하면서 자기 자신에 대한 부정적 평가를 하게 되고 결국 부정적인 자기개념을 지니게 된다.

자기개념의 구성요소와 위계적 구조

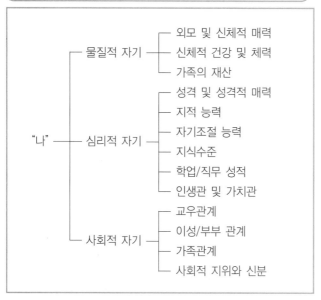

한편, 자기개념은 생활 속의 경험 내용을 저장하는 인지구조로서 다양한 하위요소로 구성되어 있다. 윌리엄 제임스 William James는 자기개념을 크게 3가지 구성요소로 나누고 있다. 첫째, 물질적 자기material self는 나의 육체와 그 특성, 나의 소유물 등 나를 이루고 나와 관계된 가시적인 물질적 측면을 말한다. 둘째, 심리적 자기psychic or spiritual self는 성격, 능력, 적성 등과 같이 나의 내면적 특성을 말한다. 셋째, 사회적 자기

social self는 타인과의 관계 속에 나타나는 나의 위치와 신분을 의미한다.

사람마다 자기개념의 구조가 다르고 각자 자기개념을 구성하는 개개 요소에 대해 부여하는 중요성이 다를 수 있다. 어떤 사람은 매우 정교한 구조를 지니고 있어서 자기 영역별로 정보를 체계적으로 저장하는 반면, 어떤 사람은 두루뭉술하게 자기 영역의 구분 없이 대충 저장할 수도 있다. 페트리샤 린빌Patricia Linville은 자기 정보를 체계적이고 분화된 형태로 저장하는 사람이 부정적 스트레스 사건에 영향을 덜 받는다고 주장한다(Linville, 1987). 이를 자기복잡성 이론self-complexity theory이라고 한다.

자기복잡성 가설은 침몰을 방지하기 위한 배의 구조에 비유할 수 있다. 배는 암초나 외부의 충격을 받았을 때 배가 침몰하는 것을 막기 위해 밑바닥을 여러 칸으로 구획화한다. 따라서 암초에 부딪쳐 배의 한 부분에 구멍이 나서 물이 들어와도 그 칸에만 물이 차고 다른 칸으로 침수가 확대되지 않는다. 그러나 이렇게 구획화되어 있지 않은 배는 배 밑 한곳에 균열이 생기면 그로 인해 배 전체가 침수되어 침몰하게 된다.

결국 자기개념이 여러 구획으로 잘 세분화되어 있는 사람은 생활 속에서 경험하게 되는 부정적 생활사건의 여파가 관련된 자기 영역에만 영향을 미치므로 나머지 자기 영역은 온

전한 상태로 유지되어 우울증으로까지 발전하지 않는다. 반면, 자기구조가 세분화되어 있지 않은 사람은 한두 가지 부정적 생활사건의 여파가 자기 영역의 전체로 확산되어 우울증으로 발전할 수 있다.

2) 현실적 자기와 이상적 자기의 괴리

인간은 의식적이든 무의식적이든 생활 경험에 근거하여 자기개념의 요소들을 끊임없이 평가하고, 평가결과는 자기가치감의 기초가 된다. 이때 자신에 대한 평가가 긍정적일 때는 만족과 기쁨을 느끼지만 부정적일 때는 불만과 좌절감을 경험한다. 특히 자신이 중요하다고 생각하는 자기요소에 부정적 평가가 내려질 때 심한 좌절감을 느낀다.

자기개념은 다측면적인 구조를 지니는데, 우울증과 관련된 주요한 두 측면은 현실적 자기와 이상적 자기다. 현실적 자기 real self는 현재의 나에 대한 정보를 의미하고 이상적 자기ideal self는 이상적으로 되기를 바라는 나의 모습이다.

우울증은 부정적인 현실적 자기뿐만 아니라 이상적 자기와 현실적 자기의 괴리에 의해서 생겨날 수 있다. 이상적 자기와 현실적 자기의 괴리가 클수록 좌절감과 실패감은 강해진다. 예를 들어, 주변 사람들과 비교하여 현실적 자기가 우월하다

✳ 자기개념의 자가분석

나는 나 자신에 대해서 어떻게 평가하고 있는가? 나의 현실적 자기와 이상적 자기는 어떠하고, 그 괴리는 얼마나 되는가? 여기에 제시된 자기개념의 자가분석 평가를 통해 이러한 물음에 답해볼 수 있다.

나는 현실적 자기의 어떤 측면에 대해서 높은 또는 낮은 평가를 하고 있는가? 나는 나의 이상적 자기의 어떤 측면에 대해서 높은 기대를 하고 있는가? 현실적 자기와 이상적 자기의 차이가 많이 나타나는 나의 측면은 무엇인가?

자신에 대해 평가한 그래프를 살펴보면, 이러한 물음들에 대한 해답이 분명해질 수 있다. 이런 분석을 통해서 자신에 대한 막연한 생각을 좀 더 구체적으로 살펴볼 수 있다. 즉, 자신의 어떤 측면에 대해서 불만을 지니고 있는지, 어떤 측면에 대해서 특히 높은 기대를 지니고 있는지, 어떤 측면이 이러한 기대에 못 미치는지, 이러한 현실과 이상의 차이가 현재 나의 우울한 기분과 어떤 관련성을 맺고 있는지 등을 살펴볼 수 있다.

🔑 자기개념의 자가분석

현실적 자기의 평가

'현재의 나'에 대해서 평가하십시오. 아래의 자기요소에 있어서 자신이 어느 정도 우수하다고 생각하십니까? 판단이 어려울 때는 주변의 동료나 친구들과 비교하여 상대적으로 평가하십시오. 우수하다고 생각되는 정도에 따라 해당되는 숫자의 위치에 ✓표를 하고, 표시한 숫자를 이어 선 그래프를 그려보십시오.

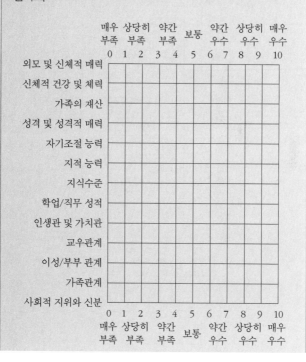

이상적 자기의 평가

'이상적인 나의 모습'에 대해서 평가하십시오. 아래의 자기 요소에 있어서 자신이 어느 정도 우수하기를 원하십니까? 우수하기를 원하는 정도에 따라 해당되는 숫자의 위치에 ✓표를 하고, 표시한 숫자를 이어 선 그래프를 그려보십시오.

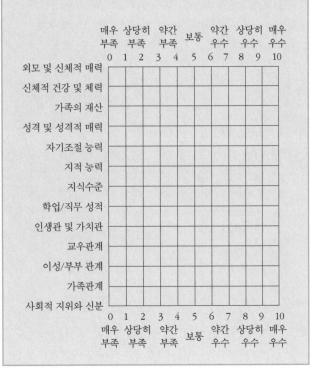

하더라도 자신의 이상적 자기에 훨씬 못 미칠 때는 불만족감을 느끼게 되는 것이다. 이처럼 자기만족감은 현실적 자기뿐만 아니라 이상적 자기의 수준에 의해 결정되며, 자기 자신에 대한 이상적 기준이 높은 사람일수록 우울증에 걸리기 쉽다. 이러한 생각을 발전시킨 것이 우울증에 대한 에드워드 히긴스 Edward Higgins의 자기괴리 이론self-discrepancy theory이다(Higgins, 1987).

3) 자기기억의 구조

우리는 일상생활에서 경험하는 수많은 사건에 대한 정보 중에서 특히 자신에 관한 정보에 민감하며, 이러한 정보를 자기기억에 저장한다. 그렇다면 자기에 관한 정보들이 어떤 형태와 구조로 저장되어 있는 것일까? 우울한 사람은 자기기억에 있어서 어떤 특성을 지니고 있을까?

자기기억은 자신에 대한 긍정적 정보와 부정적 정보로 나누어져 기억 속에 존재한다는 연구결과들이 발표되고 있다. 즉, 자신에 관한 긍정적 정보와 부정적 정보가 뒤섞여 저장되는 것이 아니라 각기 분리되어 저장된다는 자기구획화 가설 self-compartmentation hypothesis이 제기되고 있다. 이런 관점에서 보면, 우울한 사람은 자신에 대한 부정적 정보는 상세하게 많이 저장하고 있는 반면, 긍정적 정보는 빈약한 사람이라고 할 수 있다.

이처럼 우울한 사람이 자기정보를 저장하는 구조적 특성을 잘 설명하는 이론이 우울증의 정보그물망 이론informational network theory이다. 이 이론은 1984년 릭 잉그램Rick Ingram에 의해서 제안되었으며, 정보처리 이론의 관점에서 우울증이 유발되고 지속되는 심리적 과정을 정교하게 잘 설명하고 있다. 뿐만 아니라 우울한 사람이 지니는 자기개념의 구조적 특성을 이해하는 좋은 이론적 모형을 제시하고 있다. 먼저, 이 이론의 바탕이 되고 있는 기억의 연결망 이론과 확산적 활성화 모형을 살펴보기로 한다.

기억의 연결망 이론associative network theory에 따르면, 우리의 기억은 개념과 명제를 표상하는 심리세포(정확히 말하면 node로서 정보절이라고 번역될 수 있으나, 이해하기 쉽도록 비유적으로 심리세포라는 용어를 사용한다)들로 구성되어 있으며, 이러한 심리세포들은 의미의 거리나 관계성에 근거하여 연결망을 이루고 있다. 즉, 의미적으로 유사하거나 밀접한 개념들을 나타내는 심리세포들은 서로 가깝게 연결되어 있다.

과거 경험은 이러한 연결망의 기억구조 속에 명제로 표상되어 있다. 기억 내용이 의식에 떠오르기 위해서는 관련된 심리세포가 활성화되어야 한다. 특정한 심리세포가 활성화되는 방법 중 하나는 심리세포에 대응되는 환경적 자극이 제시되는 것이다. 예를 들어, '어머니'라는 단어를 보게 되면, 어머니를 표상하는 심리세포가 활성화되어 우리 의식 속에 어머니에 대한 기억이 되살아나게 된다.

특정한 심리세포가 활성화되는 또 다른 방법은, 마치 한 신경세포가 흥분되면 신경망을 통해 다른 세포로 흥분이 확산되어 전달되듯이, 심리세포의 활성 상태가 확산되는 방법이다. 즉, 심리세포는 기억의 연결망구조 속에 서로 연결되어 있으며, 한 심리세포의 활성화는 주위에 연결된 다른 심리세포로 연결망을 따라 확산해나간다.

예를 들어, '비녀'라는 단어를 보게 되면 비녀를 표상하는 심리세포가 활성화되고, 비녀와 밀접하게 연결되어 있는 어머니의 심리세포로 활성 상태가 확산됨으로써 어머니에 대한 기억을 떠올리게 된다. 연상 작용에 의해서 여러 가지 생각이 이어지는 심리적 과정을 설명하는 것이 활성화 확산 모델 spreading activation model이다.

4) 우울증의 정보그물망 이론

잉그램은 기억에 관한 이러한 이론에 기초하여 우울증을 설명하고 있다. 그는 인간의 정보처리체계 내의 우울정서세

포depression-emotion node를 가정한다. 이 가정에 의하면, 우울정
서세포가 활성화되면 우울한 기분을 느끼게 되는 것이다. 우
울정서세포는 우울과 관련된 인지적 정보를 담고 있는 심리세
포(우울인지세포)들과 연결되어 있는데 이들 상호 간에 활성화
가 확산될 수 있다. 이러한 활성화의 확산이 이루어지기 때문
에 우울한 기분에서는 괴로운 기억이 더 잘 일어나고, 괴로운
기억이 회상되면 기분이 우울해지는 것이다. 이처럼 우울정
서세포와 우울인지세포는 연결되어 있으므로 서로 활성화가
확산될 수 있다.

잉그램에 따르면, 우울증은 우울정서세포의 과도한 활성화
에 의해 유발되며 이는 부정적 생활사건에 의해 촉발된다. 즉,
주로 상실이나 실패와 관련된 생활사건들(예: 중요한 인물과의
이별, 심각한 질병, 실직 등)이 발생하면 우울정서세포가 활성
화된다. 이때 생활사건들은 평가 과정을 거쳐 우울정서세포
를 활성화시키게 된다(여기서 평가란 생활사건에 주관적 의미를
부여하는 과정을 뜻한다). 이 과정에서 생활사건이 상실과 실패
의 의미로 평가되면 우울정서세포가 활성화된다. 우울정서세
포의 활성화 정도는 누적될 수도 있으며, 활성화 정도가 강할
수록 활성화가 쇠퇴하는 기간도 길어진다.

한편, 잉그램은 특별한 생활사건이 없어도 우울증이 지속
되는 이유를 우울정서세포에 의해 자극된 우울인지세포의 활

동 때문이라고 설명한다. 우울정서세포가 활성화되면 활성 상태는 연결망을 통해 여러 우울인지세포로 확산되고, 그 결과 부정적인 사고나 기억들이 의식에 떠오르게 된다. 이러한 우울인지세포의 활성화는 다시 환류되어 우울정서세포의 활성화를 촉진한다. 이렇게 우울정서세포와 우울인지세포가 서로 순환적으로 활성화됨으로써 우울증이 지속되는 것이다.

이와 같이 정보그물망 이론은 외부적 생활사건에 의해 우울증이 발생하고 유지되는 과정을 설명하고 있다. 그렇다면 어떤 사람들이 우울증에 잘 걸리는가? 생활사건에 의해 쉽게 우울해지는 사람은 어떤 특성의 기억구조를 지니는가? 이 이론에 따르면, 인간의 기억구조 속에는 자기self에 관한 정보를 저장하는 정보그물망이 가장 크고 복잡한 구조를 가지고 있다. 따라서 자기와 관련된 정보에 대해서는 더 정교하고 심층적인 정보처리가 이루어진다. 예를 들어, 옆 사람이 나와 무관한 이야기를 할 때는 무심코 흘려듣지만 나와 관련된 말을 했을 때는 촉각을 곤두세우고 그 말의 의미를 깊게 생각하는 이유가 여기에 있다.

우울한 사람은 자기에 관한 부정적 정보를 담고 있는 우울정보세포의 연결망이 크고 복잡하다. 즉, 자신에 대한 부정적 정보를 많이 지니고 있을 뿐만 아니라 다양하고 세밀한 정보를 지니고 있다. 이러한 사람들에게 부정적 생활사건이 일어나면, 이와 관련된 일부 우울정보세포가 활성화되고 연결망을 통해 다른 우울정보세포로 급격하게 확산되어 과거에 경험했던 부정적인 기억과 사고들이 의식 속에 다시 떠오르는 것이다. 이는 우울정서세포를 활성화시켜 결국 우울감에 휩싸이게 만든다.

반면, 우울한 사람은 자신에 대한 긍정적 정보를 담고 있는 정보그물망이 작고 엉성하다. 긍정적 체험을 해도 확산되어 의식에 떠오르는 정보가 빈약한 것이다. 흔히 우울한 사람이 자신의 장점에 대해서는 잘 모르지만 자신의 단점에 대해서는 매우 자세하게 잘 알고 있는 것은 이러한 기억구조의 특성 때문이라고 할 수 있다. 따라서 이들은 우울한 기분은 잘 느끼지만 우울한 기분을 억제하며 '맞불'을 놓을 유쾌한 기분을 경험하기는 어렵다.

요컨대, 우울증에 취약한 사람은 자기기억 속에 부정적 자기정보를 체계적으로 많이 저장하고 있지만 긍정적 정보는 빈약하게 지니고 있는 사람이다. 환경적 상황이 좋을 때에는 이들의 부정적 정보가 활성화되지 않기 때문에 특별히 우울감을 느끼지 않는다. 그러나 상황이 악화되어 좌절사건이 발생하게 되면, 부정적 자기정보가 쉽게 활성화될 뿐만 아니라 강력한 확산 과정을 통해 다른 부정적 자기정보가 광범위하게 활성화되어 우울증으로 발전하게 되는 것이다. 또한 이들에게

좌절사건은 많은 부정적 자기정보를 떠오르게 하여 쉽게 우울
감을 유발하는 반면, 성공사건은 긍정적 정보를 그다지 떠오
르게 하지 못해 영향력이 미약하므로 우울한 기분으로부터 회
복되기 어렵다.

이러한 이론은 우울증의 치료와 예방을 위해 시사하는 바
가 많다. 우울증에 빠지지 않기 위해서는 우선 자기기억의 긍
정적 정보연결망을 강화해야 한다. 이를 위해서 자신의 긍정
적 측면, 즉 자신의 장점과 강점에 많은 관심을 갖고 세밀하게
잘 파악하는 노력이 필요하다. '한 인간의 장점은 노출되는
것이 아니라 발굴되는 것'이라는 말이 있듯이, 자신의 장점과
강점을 발굴하여 자각하려는 노력이 필요하다.

아울러 자기기억의 부정적 정보연결망을 약화시키는 노력
도 필요하다. 자신에 대해 지나치게 철저하고 비판적인 태도
를 지닌 사람에게는 자신의 약점과 단점이 크게 잘 보인다. 이
들에게는 부정적인 자기모습과 과거 기억을 재검토하는 노력
이 필요하다. 햇볕에 차가운 얼음이 녹아내리듯이, 따뜻하고
수용적인 태도로 자신의 부정적인 모습과 과거 기억을 재검토
하게 되면 오히려 긍정적 자기정보로 환원될 수도 있다. ◈

8. 우울증의 신체적 원인

생물학적 이론은 우울증이 신체적 원인에 의해서 생긴다는 가정에 기초하며 주로 정신의학자에 의해서 발전되었다. 우울증을 유발하는 신체적 원인으로는 유전적 요인, 뇌의 신경화학적 이상, 뇌구조의 기능적 손상, 내분비 계통의 이상, 생체리듬의 이상 등에 초점을 두어 연구가 진행되고 있다.

1) 유전적 요인

우울증의 유전적 요인을 밝히려는 노력은 주로 가계 연구와 쌍생아 연구를 통해 이루어졌다. 우울증 환자의 가계에 대한 연구는 양극성 우울증과 단극성 우울증에 있어서 다른 결과를 보이고 있는데, 양극성 우울증이 단극성 우울증보다 유전적 소인이 더 큰 것으로 나타나고 있다. 그러나 단극성 우울증도 직

계 가족에서는 우울증이 발생할 확률이 일반인보다 1.5~3배
가 높다는 연구결과가 있다. 그러나 가족은 유전적 요인도 공
유하지만, 유사한 심리사회적 환경에서 생활하기 때문에 가계
연구의 결과를 유전적 결과로만 해석할 수는 없다.

　이런 문제점을 개선한 것이 일란성 쌍생아와 이란성 쌍생
아에서 우울증의 일치율을 비교하는 쌍생아 연구다. 이러한
연구에서는 대부분 일란성 쌍생아가 이란성 쌍생아보다 우울
증 일치율이 높았다. 여러 연구의 결과를 종합한 한 개관 연구
에 의하면, 단극성 우울증의 경우 일란성 쌍생아의 일치율이
40%인 반면, 이란성 쌍생아는 11%에 불과하였다. 쌍생아 연
구에서도 양극성 우울증이 단극성 우울증보다 유전적 소인이
더 큰 것으로 나타나고 있다. 또 다른 개관 연구에 의하면, 일
란성 쌍생아에서 양극성 우울증의 발생일치율이 평균 69.3%
인 반면, 이란성 쌍생아는 평균 20%였다.

　우울증의 유전적 소인을 알아볼 수 있는 또 다른 방법으로
입양아 연구가 있다. 입양아가 단극성 우울증을 나타낼 경우,
그의 친부모와 양부모의 우울증 유병률을 조사하여 비교한 결
과 차이가 없었다는 연구 보고가 있다. 그러나 양극성 우울증
을 보인 입양아의 경우, 친부모의 우울증 유병률이 28%인 데
비해 양부모는 12%의 유병률을 나타냄으로써 유전적 영향을
뒷받침하는 연구결과가 보고되고 있다.

우울증의 유전적 요인에 대한 연구결과를 요약하면, 단극성 또는 반응성 우울증은 유전적 소인에 대한 증거가 불분명한 반면, 양극성 우울증은 유전적 소인의 증거가 비교적 뚜렷하다. 그러나 유전적 영향이 비교적 뚜렷한 양극성 우울증의 경우에도 유전적 소인 자체가 우울증을 유발하는 것이 아니라 환경적 스트레스 요인과 상호작용하여 우울증을 유발하는 것으로 이해되어야 한다.

2) 뇌의 신경화학적 요인

우울증은 뇌의 신경화학적 기능 이상으로 생겨날 수 있다는 가정하에 많은 연구가 이루어졌다. 특히 뇌세포 간의 신경정보의 전달을 담당하는 신경전달물질의 이상을 밝히려는 연구가 활발하게 진행되었다.

우울증을 뇌신경화학적인 요인으로 설명하려는 대표적인 이론이 카테콜아민 가설catecholamine hypothesis이다. 카테콜아민은 신경전달물질인 노르에피네프린, 에피네프린 그리고 도파민을 포함하는 호르몬을 말한다. 이러한 카테콜아민이 결핍되면 우울증이 생기고, 반대로 카테콜아민이 과다하면 조증이 생긴다는 것이다. 특히 카테콜아민 중에서 에피네프린이나 도파민보다는 노르에피네프린이 기분장애에 중요한 역할을 하는 것으로 알려져 있다. 이 가설에 따르면, 기분장애는 뇌의 신경화학적 활동 변화에 의해 생기며, 우울증은 특정한 신경전달물질, 즉 카테콜아민이 문제를 일으켜 생겨나는 것이다.

그러나 이러한 가설은 사람을 피험자로 하여 직접적인 실험을 할 수 없으므로 간접적인 방식으로 검증할 수밖에 없다. 이 가설을 뒷받침하는 근거로 다음 3가지를 들 수 있다.

첫째, 이 가설은 여러 동물 연구에서 간접적으로 뒷받침되고 있다. 실험적으로 쥐의 노르에피네프린 수준을 낮추었을 때 쥐는 우울증 환자처럼 위축되고 무반응적 행동을 나타냈다는 연구가 있다.

둘째, 약물치료 과정에서 우연히 발견된 사실들이 이 가설을 뒷받침하고 있다. 고혈압 환자의 혈압강하제로 사용되는 리설핀reserpine을 복용한 환자 중에 때때로 우울 증상을 호소하는 사례가 보고되었다. 리설핀은 뇌에 카테콜아민 계열의 신경전달물질의 공급을 감소시키는 효과가 있다는 것이 밝혀졌다.

마지막으로, 우울증 약물이 개발되면서 카테콜아민 가설이 본격적으로 지지되었다. 삼환계 항우울제와 모노아민 옥시다제 억제제MAO inhibitor가 우울 증상을 완화시키는 주요한 치료 약물로 사용되어왔다. 이러한 약물들이 우울 증상을 감소시

키는 이유는 뇌에 노르에피네프린이나 세로토닌의 활동 수준
을 증가시키기 때문인 것으로 밝혀져 우울증에 대한 카테콜아
민 가설을 강력히 지지하는 결과로 여겨졌다.

　그러나 후속 연구에서 뇌의 노르에피네프린 증가가 곧바로
우울 증상을 완화시키는 것은 아니라는 연구결과가 나타났다.
지금까지의 연구결과를 볼 때 노르에피네프린과 같은 신경전
달물질이 우울증과 관련되는 것은 확실하지만 이러한 물질이
우울증을 유발하는 정확한 기제는 아직 충분히 밝혀지지 않고
있다고 볼 수 있다.

3) 기타 신경생리적 요인

　우울증에 대한 많은 생물학적 연구를 통해 우울증 유발에
영향을 미치는 여러 가지 신경생리적 요인이 주장되고 있다.

　그중의 하나가 우울증이 시상하부hypothalamus의 기능장애
때문에 생긴다는 주장이다. 이러한 주장의 증거로, 시상하부
가 기분을 조절하는 기능을 지니고 있을 뿐만 아니라 우울증
에서 보이는 식욕이나 성적 기능의 장애에도 영향을 준다는
점을 강조한다. 또한 우울증 환자는 뇌하수체 호르몬이나 부
신선 또는 갑상선 등의 기능장애를 보이는데, 이런 호르몬이
모두 시상하부의 영향을 받고 있다는 점을 지적하고 있다.

두 번째 주장은 내분비 장애가 우울증과 관련되어 있다는 주장이다. 이러한 주장은 내분비 계통의 질병이 종종 우울 증상을 동반한다는 임상적 관찰에 근거하고 있다. 우울증과 관련하여 주목받고 있는 내분비 호르몬이 코르티솔cortisol이다. 우울증 환자는 많은 경우 혈장의 코르티솔 수준이 높다. 코르티솔 수준의 상승은 스트레스에 대한 정상적인 반응이지만, 우울증에서는 다른 스트레스성 증상은 수반되지 않으면서 코르티솔 수준만 높다.

덱사메타손dexamethasone은 코르티솔과 비슷한 약물로, 정상인에게서 24시간 동안 코르티솔 분비를 억제한다. 그러나 우울증 환자의 30~70%는 덱사메타손 억제검사dexa-methasone suppression test에서 코르티솔 억제를 보이지 않았다. 이러한 결과는 코르티솔의 기능 이상(과잉분비)이 우울증과 관련되어 있다는 것을 뒷받침하며, 덱사메타손 억제검사는 우울증을 진단하는 검사로 사용되기도 했다. 그러나 코르티솔 억제 실패가 알코올, 약물사용, 체중감소, 노령 등 여러 요인에 의해서도 나타날 수 있으므로 우울증에 대한 진단적 기준으로는 불충분한 것으로 여겨지고 있다.

또한 우울증을 나타내는 사람은 생체 리듬에 이상이 있다는 주장이 있다. 특히 수면각성주기 및 체온 변화의 주기를 조절하는 생물학적 시계기제biological clock system에 이상이 있다는

주장이 제기되었다. 24시간 주기의 경우, 우울증 환자는 수면
각성주기와 체온조절주기가 4~6시간 정도 빠르다는 연구결
과가 이러한 주장을 뒷받침하고 있다.

또한 우울한 사람은 쉽게 잠들지 못하거나 자주 잠에서 깨
고 아침에 일찍 깨어나는 등의 수면장애를 보이는데, 이들의
REM 수면(눈동자를 빨리 움직이는 수면 상태)은 정상인과 다른
패턴을 보인다. 정상인은 처음으로 REM 수면에 들어가기까
지 약 90분이 걸리는 데 비해, 우울증 환자는 이 기간이 현저
하게 줄어든다.

또 특정한 계절에 주기적으로 우울증을 나타내는 계절성
우울증이 있다. 예를 들어, 가을과 겨울에 우울증을 보이고 봄
과 여름에는 정상적으로 기능하는 계절성 우울증 환자의 경우
이들에게 1년 주기의 생체리듬에 이상이 있을 가능성이 제기
되고 있다.

일반적으로 생물학적 리듬은 일상적인 생활 과제의 진행에
맞춰지는데, 만일 여러 가지 생활사건(예: 대인관계의 손상, 업
무의 과중, 생활 패턴의 변화 등)으로 정규적인 사회적 리듬이 깨
어지게 되면 생물학적 리듬이 불안정해지게 되고, 그 결과 취
약한 사람에게 우울증이 유발될 수도 있다는 주장이다. ◆

우울증을 어떻게
치료할 것인가

3

1. 우울증의 다양한 치료방법

2. 우울증 자가치료의 출발점

3. 우울증의 악순환에서 벗어나기

4. 부정적 사고 바꾸기

5. 역기능적 신념 바꾸기

6. 자기대화를 통한 우울증 이겨내기

7. 우울한 기분 벗어나기

8. 행동 변화를 통한 우울증 이겨내기

9. 사회적 자원 활용하기

1. 우울증의 다양한 치료방법

우울증은 흔한 심리적 문제이며 때로는 시간과 상황이 변함에 따라 자발적으로 회복되는 경우도 있다. 그러나 우울증은 때때로 의욕상실과 사회적 위축 등으로 인해 인생의 중요한 시기에 업무수행이나 대인관계를 소홀히 하게 하여 평생토록 부정적인 영향을 미칠 수도 있다. 뿐만 아니라 우울증이 심한 경우에는 자살과 같은 치명적인 결과를 낳을 수도 있다. 따라서 가능한 한 빨리 전문가의 도움을 받아 치유해야 한다.

우울증의 치료법은 크게 심리적 치료법과 물리적 치료법으로 나눌 수 있다. 심리적 치료법으로는 최근에 우울증의 치료법으로 각광받고 있는 인지치료를 비롯하여 정신역동적 치료, 행동치료, 인본주의적 치료 등이 있다. 물리적 치료법으로는 가장 일반적으로 사용되고 있는 약물치료가 있으며 전기충격치료도 사용되고 있다.

1) 인지치료

우울증을 치료하는 가장 대표적인 심리치료법인 인지치료 Cognitive Therapy는 우울증의 인지 이론에 근거하여 아론 벡이 개발한 심리치료법이다. 우울증의 인지 이론에 따르면, 우울증은 부정적인 자동적 사고, 인지적 오류, 역기능적 신념 등의 인지적 요인에 의해서 생겨나고 유지된다. 인지치료는 우울증을 유발하는 이러한 인지적 요인을 찾아내어 변화시킴으로써 우울증을 치료하는 방법이다(권석만, 2012; Beck, 1976; Beck et al., 1979).

인지치료의 기본 원리는 내담자와 치료자의 협력적인 동반자 관계 속에서 내담자를 우울하게 만드는 부정적 사고와 역기능적 신념을 함께 찾아내어, 그러한 사고의 정당성을 평가하고 보다 현실적이고 합리적인 사고로 대체하는 것이다. 치료 과정을 좀 더 자세히 설명하면 다음과 같다.

먼저, 치료 초기에는 내담자를 우울하게 만드는 환경적 생활사건과 부정적인 자동적 사고를 함께 탐색하고 조사한다. 이러한 탐색을 통해 내담자가 현재 생활 속에서 경험하는 사건들의 의미를 어떻게 어떤 내용으로 해석하여 파악하고 있는지를 구체적으로 살펴본다. 아울러 이러한 해석 내용이 내담자의 우울 증상과 어떻게 관련되어 있는지를 논의한다.

둘째 단계에서는 환경적 생활사건에 대한 내담자의 해석 내용, 즉 부정적인 자동적 사고의 현실적 타당성을 함께 따져 본다. 생활사건의 사실적 자료에 근거하여 부정적인 사고 내용의 객관성, 논리성, 유용성 등을 다양한 각도에서 살펴본다. 아울러 인지적 오류의 개입 가능성을 논의한다.

셋째 단계에서는 생활사건에 대한 보다 객관적이고 타당한 대안적 해석을 탐색해보고, 이러한 적응적 사고 내용으로 대체하게 하여 그 결과로 우울 증상이 완화되고 변화되는 과정을 살펴본다. 아울러 과거의 습관화된 부정적 사고 패턴이 환경적 자극에 직면하여 나타날 때마다 보다 더 적응적인 대안적 사고 내용으로 대체하는 작업을 꾸준히 계속하도록 격려한다.

마지막 단계에서는 우울증의 보다 근원적인 인지적 원인인 역기능적 신념을 탐색하여 그것의 현실성, 합리성, 유용성에 대해서 논의한다. 아울러 보다 현실적이고 합리적인 대안적 신념을 탐색하여 대체하도록 유도한다.

이러한 치료 과정을 통해서 인지치료는 내담자로 하여금 자신의 내면적 사고를 관찰하고 조절하는 능력을 향상시킨다. 그들은 자신을 우울하게 만드는 현실 왜곡적인 부정적 사고를 자각하여 보다 합리적인 사고로 대체함으로써 현실에 효과적으로 적응하는 능력을 배양하게 된다. 또한 자신과 세상에 대

마음챙김에 근거한 인지치료

마음챙김에 근거한 인지치료Mindfulness-Based Cognitive Therapy, MBCT는 존 티스데일John Teasdale이 우울증의 재발방지를 위해서 개발한 치료법이다(Teasdale, 1999). MBCT의 목표는 우울증을 유발하는 자동적 사고의 영향력을 약화시키는 것으로서 인지치료의 이론과 마음챙김 명상을 접목한 것이라고 할 수 있다. 즉, 마음챙김 훈련을 통해서 우울증의 재발을 촉발하는 자동적 사고가 떠오르는 것을 알아차리고 수용하며 거리를 둠으로써 자동적 사고의 부정적 영향력을 약화시키는 것이다(권석만, 2012).

티스데일에 따르면, 인간의 마음은 정보를 처리하고 감정을 느끼는 여러 가지 마음의 양식mode으로 이루어진다. 그 주요한 2가지 마음의 양식은 행위양식과 존재양식이다. 행위양식Doing mode은 목표 지향적이고 목표의 성취를 위해 행위에 몰두하는 삶의 방식으로서 현실과 목표의 괴리를 인식할 때 촉발된다. 이러한 양식이 촉발되면 자동적으로 부정적 감정이 유발되며, 그러한 괴리를 줄이기 위해서 습관적인 심리 과정과 행동 패턴이 작동한다. 행위양식에서는 마음이 현재에 머무르지 못하고 과거로 또는 미래로 분주하게 옮겨 다닌다. 반면, 존재양식Being mode은 특정한 목표를 지향하지 않으며 모든 것을 있는 그대로 수용하고 어떤 변화도 바라지 않으면서 있는 그대로 허용allow하는 삶의 방식을 뜻한다. 존재양식에서는 현재의 경험을 충분히 자각하고 현재의 순간에 충분히 존재하고자 한다. 존재양식에서는 사고나 감정이 단지 마음을 지나가는 사건이며 생겨났다 사라지는 일시적 현상으로 여겨지기 때문에 편안함과 자유로움을 느끼게 된다. 정신건강은 한 가지 양식에 고착되지 않고 2가지 양식을 자유롭게 넘나들 수 있는 능력과 관련되어 있다. 즉, 환경의 조건에 따라 적절한 양식으로 유연하게 전환할 수 있는 능력이 중요하다. 우울증의 재발을 방지하기 위해서는 내담자로 하여금 존재양식으로 전환하게 하는 기술을 습득하게 하는 것이 필요하다.

MBCT는 집단치료의 형태로 8주에 걸쳐 실시되는 매우 구조화된 치료다(Segal, Williams, & Teasdale, 2002). 매 회기마다 우울증의 인지이론과 관련된 교육과 더불어 마음챙김 훈련이 병행된다. 1회기에는 자동조종automatic pilot에 대한 설명과 더불어 마음챙김을 교육한다. 자동조종은 자신에게 무슨 일이 일어나고 있는지 자각하지 못한 채 기계적으로 어떤 행동을 하고 있는 것을 의미한다. 마음챙김을 훈련하기 위해서 건포도 명상과 보디 스캔을 실시한다. 2~4회기에서는 마음챙김의 연습을 통해서 현재에 머물기를 훈련한다. 5회기에는 수용하기와 내버려두기를 다룬다. 자신의 사고나 경험을 변화시키거나 억제하려 애쓰지 않고 있는 그대로 놓아두는 수용적 태도를 가르친다. 6회기에는 '생각은 사실이 아니다'라는 것을 깨닫게 하며 정좌명상을 실시한다. 7회기에는 우울 증상이 시작되려는 재발 경고를 알아차리고 그에 대처하는 방법을 가르친다. 아울러 즐거움과 숙달감을 느낄 수 있는 활동을 계획하고 정좌명상을 비롯한 마음챙김 연습을 한다. 8회기에는 그동안 배운 것을 활용하여 우울한 기분에 대처하는 방법을 논의하고 가르친다. 규칙적인 마음챙김 연습을 통해서 삶의 균형을 유지하고 우울 증상에 효과적으로 대처하도록 격려한다. 이러한 MBCT는 우울증의 재발을 억제하는 데 효과적인 것으로 알려져 있다. 3~ 4번 이상 우울증의 재발경험을 지닌 사람들도 MBCT를 통해서 재발률이 50% 정도 감소했다.

한 잘못된 믿음과 비현실적 기대로 구성되어 있는 역기능적 신념을 깨닫게 되고 이를 보다 유연하고 현실적인 신념으로 대체하게 된다.

인지치료는 이처럼 근본적으로 내담자가 자기 자신과 삶에 대해서 보다 더 현실적이고 유연한 태도를 갖도록 유도하여 인생의 좌절을 유연하게 극복하고 현실에 효과적으로 적응할 수 있는 지혜롭고 현명한 사람이 되도록 돕는 것을 목표로 하고 있다.

인지치료는 우울증을 비교적 단기간에 치료하는 적극적인 치료법으로, 내담자를 우울하게 만드는 부정적인 자동적 사고와 역기능적 신념을 찾아내고 변화시키기 위해 A-B-C 기법, 소크라테스식 대화법, 일일기록지 방법, 설문지 검사, 일기쓰기, 행동실험법, 하향화살표 기법 등 다양하고 구체적인 기법을 사용하고 있다.

인지의 변화뿐만 아니라 내담자의 부적응적 행동을 변화시키기 위한 여러 가지 행동치료기법이 적용되기도 한다. 우울증에 적용되는 행동치료기법에는 자기생활 관찰표 작성하기,

시간계획표 만들어 생활하기, 점진적인 과제수행표를 만들어 실행하기, 긍정적 경험을 체험하고 평가하기, 대처기술 훈련, 사회적 기술 훈련, 의사소통기술 훈련, 문제해결법 훈련, 자기주장 훈련 등이 있다. 이렇게 인지의 변화뿐만 아니라 행동의 변화를 유도하기 위해 행동치료기법을 함께 사용하기 때문에, 인지치료를 인지행동치료Cognitive Behavior Therapy라고 부르기도 한다.

인지치료는 우울증을 단기간에 치료할 뿐만 아니라 치료 효과도 우수한 것으로 확인되었다. 우울증에 대한 대표적인 물리적 치료법인 약물치료와 비교했을 때, 인지치료는 반응성 우울증의 경우 치료 효과가 동등하거나 더 우수하다는 것이 여러 연구에서 입증되었다. 특히 인지치료는 약물치료와 달리 부작용이 없으며 치료 효과가 지속적이어서 재발률이 낮다는 장점이 있다.

2) 정신역동적 치료

정신역동적 심리치료는 프로이트의 정신분석을 위시해서 무의식적인 심리적 역동을 중시하는 다양한 치료법들을 포함한다. 따라서 여기에서는 우울증에 대한 정신역동적 치료의 일반적인 내용을 소개하고자 한다.

정신역동적 심리치료는, 우울증과 같이 특정한 장애에 초점을 맞추어 치료기법을 발전시키기보다는, 일반적으로 자존감을 향상시키거나 초자아를 조정하거나 자아를 강화하고 확장함으로써 우울증을 치료하고자 한다. 이를 위해서 정신역동적 심리치료자는 우울한 내담자가 나타내는 대인관계 패턴을 잘 탐색하고 그 무의식적 의미를 파악하여 내담자에게 직면시킴으로써 이를 극복하도록 노력한다.

우울증의 정신역동적 치료에서 초기에 중시하는 것은 내담자와의 굳건한 치료적 관계, 즉 치료적 동맹therapeutic alliance을 형성하는 것이다. 이를 위해서 치료자는 내담자가 호소하는 어려움을 진지하게 경청하면서 잘 공감해주는 것이 필요하다. 이렇게 치료적 관계를 형성해가면서 내담자의 우울 증상을 이해하기 위한 정보를 수집하게 된다. 이때 우울증을 유발한 생활사건을 비롯하여 내담자의 성장 과정, 가족관계, 현재의 생활 상황 등의 배경 정보를 수집하게 된다. 아울러 내담자가 지니고 있는 자기애적 소망과 좌절, 대인관계의 주요 욕구와 갈등, 공격성 및 분노와 관련된 죄책감 등과 같이 내면적인 무의식적 갈등요인을 탐색하여 내담자의 우울증에 대한 역동적 이해를 위해 노력한다.

이렇게 치료관계를 형성하고 내담자 문제를 탐색하는 과정에서 전이transference가 나타나게 되고 치료자는 해석 등의 적극적인 개입을 하게 된다. 예를 들어, 내담자는 치료자에게 의존하여 치료자의 칭찬과 인정을 얻기 위해 지나치게 순종적인 태도를 취할 수 있다. 이러한 관계 패턴은 치료 상황 밖의 중요한 타인(예: 부모, 배우자, 애인 등)에 대한 대인관계 패턴이 전이되어 치료자에게 나타나는 것일 수 있다. 내담자는 무의식적으로 중요한 타인의 사랑을 얻기 위해 과도한 노력을 기울이지만 좌절(예: 상대방의 사망, 이별, 거부, 갈등 등)을 경험하게 되면 중요한 타인에 대한 분노와 적개심을 지닐 수 있다. 정신역동적 치료에서는 이렇게 치료자에게 전이되어 나타날 수 있는 무의식적 갈등 패턴이 내담자를 우울하게 만드는 심층적 요인이라고 본다.

따라서 치료자는 이러한 무의식적 갈등을 잘 파악하여 내담자에게 적절한 방법으로 직면시키고 해석해준다. 이를 통해 내담자는 자신의 무의식적 좌절과 대인관계방식을 이해하게 될 뿐만 아니라, 중요한 타인에 대해 억압하고 있었던 분노 감정을 자각하게 된다. 치료자는 이러한 분노 감정을 공감적으로 잘 수용하여 해소하도록 도와주어야 한다. 아울러 내담자가 지닌 비현실적인 이상적 소망을 현실적인 것으로 변화시키고 이러한 소망을 성취하기 위한 새로운 생활방식과 대인관계방식을 찾도록 도와준다. 내담자가 이러한 새로운 생활방식을 실제 생활 속에서 적용하도록 노력하는 과정을 훈습

대인관계 심리치료

대인관계 심리치료Interpersonal Psychotherapy, IPT는 제럴드 클러맨Gerald Klerman이 개발한 치료법으로서 인지치료와 더불어 우울증의 치료에 효과적인 것으로 입증되었다. IPT는 20회 이내의 단기치료로 시행되며 내담자의 대인관계 문제에 초점을 맞추는 구조화된 치료법이다. 대인관계 심리치료는 우울증이 개인의 사회적 기능, 즉 대인관계와 밀접하게 관련되어 있으며 그 기저에는 성격적 문제가 존재하고 있다고 가정한다. IPT는 설리번Sullivan의 정신역동적 대인관계 이론의 영향을 받았으나 과거의 경험보다는 현재의 대인관계 문제에 초점을 맞춘 단기적 개입을 하고 있다(Klerman, Weissman, Rounsaville, & Chevron, 1984).

IPT에서는 개인이 겪고 있는 대인관계 문제를 크게 4가지 유형으로 분류하고 있다. 그 첫째는 역할 갈등role conflict으로서 부부, 가족, 직장, 학교에서 특정한 개인과 대립하게 되는 관계 갈등을 뜻한다. 이러한 갈등은 대인관계에 대한 기대의 좌절로 인해 발생하며 이러한 갈등이 심각한 스트레스를 유발하는 경우에 우울증이 나타날 수 있다. 둘째는 역할 변화role transition로서 상급학교 진학, 결혼, 취업 등과 같이 대인관계 상황이 변화하거나 중요한 생활사건이 발생하여 새로운 상황에 적응해야 하는 부담을 지닌 경우다. 이러한 대인관계 역할에 대처하지 못하거나 심한 스트레스를 느낄 경우에 우울증이 발생할 수 있다. 셋째는 미해결된 애도unrevolved grief로서 중요한 애착대상과의 사별로 인한 상실의 슬픔이 과도하거나 과거의 상실경험이

해결되지 않은 채 현재의 삶에 심각한 영향을 미치는 경우를 뜻한다. 마지막으로, 대인관계가 양적으로나 질적으로 빈약한 경우를 뜻하는 대인관계 결핍interpersonal deficit이 있다.

IPT에서 치료자는 내담자의 우울증이 어떤 대인관계 문제와 관련되어 있는지를 탐색하고 그러한 대인관계 문제에 초점을 맞추어 해결함으로써 내담자의 대인관계가 개선되도록 돕는다. 이를 위해서 구체적인 대인관계 상황에서 내담자가 타인에 대해 지니는 잘못된 기대를 탐색하여 바로잡고 의사소통을 향상시킬 뿐만 아니라 새로운 행동을 대인관계 상황에 실천하도록 격려한다.

working-through이라고 한다.

정신역동적 치료는 내담자의 우울 증상을 삶의 전반적 맥락에서 이해하고 우울증에 대해서 심층적이고 포괄적인 치료적 접근을 하는 장점을 지니고 있다. 그러나 우울증에 대한 정신역동적 치료의 효과에 대해서는 논란이 많다. 정신역동적 치료의 효과는 대부분 임상적 치료 사례를 통해 보고되었을 뿐이며 객관적이고 체계적인 실험적 연구를 통해 검증되지는 못했다.

한편, 정신역동적 치료는 장기화되는 경향이 있어서 내담자에게 경제적으로나 시간적으로 많은 부담을 주는 문제점이 있었다. 최근에는 이러한 한계를 극복하기 위해 치료 기간을 단기화하려는 노력이 이루어지고 있다.

3) 행동치료

우울증에 대한 행동치료는 내담자의 생활 속에서 긍정적 강화의 비율을 증가시키는 것을 주요 목표로 한다. 이를 위하여 우울한 내담자들이 어떻게 일상생활 속에서 즐거움과 긍정적 경험을 잃어버리게 되었는지를 정밀하게 분석하고, 이러한 분석에 기초하여 내담자가 생활 속에서 즐거움을 재경험할 수 있는 구체적인 행동목록을 구성하여 내담자가 실행하도록 돕는다. 긍정적 강화를 증가시키기 위한 구체적인 행동목록은 다음과 같이 매우 다양하다.

자기생활관찰 기법self-monitoring은 내담자가 자신의 생활을 구체적으로 점검해보도록 하루하루 시간대별로 어떤 일을 하며 어떤 기분을 느끼는지를 정리해보게 하는 방법이다. 이를 통해 어떤 요일의 어떤 시간대에 주로 어떤 상황에서 우울 감정 또는 유쾌 감정을 느끼는지 자각할 수 있다. 계획적 활동 기법scheduling activities은 매일 시간대별로 해야 할 일에 대한 계획을 세워 생활하도록 유도함으로써, 무계획하게 생활하여 과중한 심리적 부담과 좌절을 경험하는 내담자의 행동을 변화시킬 수 있다.

점진적 과제 기법graded task assignment은 내담자가 성취 불가능한 것으로 생각하여 포기하는 과제를 성취 가능한 여러 하위 과제로 나누어 점진적으로 실행하도록 유도하는 방법이다. 긍정체험 평가 기법mastery and pleasure techniques은 생활 속의 긍정적 체험에 주의를 기울여 기분의 변화를 가져올 수 있도록 매일 자신의 경험을 기록하고 그때마다 느낀 성취감과 즐거움을 평가하도록 하는 방법이다.

우울한 내담자에 대한 주요한 행동치료적 기법은 사회적 기술 훈련social skill training이다. 사회적 기술 훈련은 대인관계 상황에서 내담자가 다른 사람으로부터 무시나 거부를 당하는 행동을 변화시켜 다른 사람에게 호감을 주고 긍정적 강화를 받을 수 있는 구체적인 대인기술을 학습시키는 것으로 구성된다. 우울한 사람은 흔히 사회적 기술이 미숙하여 사회적으로 인기가 없고 고립되는 등 대인관계에서 긍정적 강화를 받지 못하는 경향이 있다. 따라서 타인과 친밀하고 보상적인 관계를 맺을 수 있는 구체적인 대인관계 기술을 학습시켜 사회적 강화를 받을 수 있도록 도울 수 있다.

이 밖에도 자신의 요구와 권리를 분명하게 주장할 뿐만 아니라 타인의 무리한 요구를 적절하게 거절하거나 타인의 불쾌한 행동을 효과적으로 방지하는 자기주장 훈련assertive training, 생활 속의 다양한 상황에서 부딪치는 문제를 체계적으로 접근

하여 효과적으로 해결하는 문제해결 훈련problem solving training,
갈등 상황에서 적응적으로 대처할 수 있는 다양한 방법을 학
습하는 대처기술 훈련coping skill training 등을 통해 우울한 내담
자의 부적응적 행동을 변화시키게 된다.

이러한 행동치료적 기법들은 내담자를 우울하게 만드는 행
동적 측면의 변화를 통해 우울증을 극복하도록 돕는 방법이
다. 행동치료적 기법의 효과는 여러 연구에서 보고되고 있으
나 치료 효과가 지속적이지 못하다는 연구결과도 있다. 근래
에는 인지행동치료라는 이름으로 인지치료기법과 병행하여
실시되는 것이 일반적인 추세다.

4) 인본주의적 치료

인본주의적 심리치료에서는 우울증에 대한 특별한 치료방
법을 제시하기보다는 내담자 개인이 지니고 있는 문제에 대해
서 일반적인 치료적 기법이 적용된다. 인본주의적 치료에서
는 우울한 내담자가 자신과 세상에 대해서 지니고 있는 생각
이 왜곡된 것이라 하더라도 그것을 내담자의 주관적 진실로서
존중한다. 즉, 내담자가 털어놓는 모든 생각과 감정은 내담자
가 '여기 지금here and now'에서 경험하는 주관적 현실이란 점에
서 진실한 것으로 수용한다. 따라서 인본주의적 치료자는 내

담자의 경험을 해석하거나 변화시키려고 노력하기보다는 내담자의 체험과 생각에 대한 수용적 이해를 통해서 내담자가 느끼고 있는 우울감과 좌절감을 공감하려고 노력한다. 이렇게 수용적이고 공감적인 분위기 속에서 내담자가 스스로 자신의 내면을 좀 더 깊고 솔직하게 탐색하게 한다.

인본주의적 치료에서는 인간은 누구나 긍정적으로 성장하려는 자아실현 경향을 지니고 있으며, 성장촉진적인 분위기가 조성되면 스스로 발전적인 변화를 모색하게 된다고 본다. 여기에서 성장촉진적인 분위기란 내담자의 경험이 평가적으로 판단되기보다는 존중적이고 수용적이며 공감적인 치료자의 태도를 뜻한다. 이러한 분위기 속에서 내담자는 과거에 평가와 판단이 두려워 솔직하게 직면하지 못했던 체험을 두려움 없이 탐색하게 되고, 자신이 원하는 삶이 실현될 수 있는 좀 더 현실적인 방법을 모색하게 된다.

인본주의적 치료자는 이러한 과정에서 자신의 가치관을 개입시키거나 어떤 특정한 방향으로 내담자의 변화를 유도하지 않는다. 다만, 내담자의 우울한 체험에 대해서 수용적이고 존중적이며 공감적인 태도를 취하는 것이 최선의 치료라고 본다.

5) 약물치료와 그 밖의 물리적 치료

우울증은 여러 가지 물리적 수단에 의해서도 치료될 수 있다. 우울증에 대한 물리적 치료법으로는 약물치료, 전기충격치료, 광선치료 등이 있다.

(1) 약물치료

약물치료drug therapy는 우울증에 대한 가장 대표적인 물리적 치료법이라고 할 수 있다. 약물치료는 우울증의 뇌신경화학적 이론에 근거하여 뇌의 신경전달물질에 영향을 주는 화학적 물질, 즉 약물을 통해 우울증을 치료하는 방법이다. 우울증의 약물치료에서는 크게 3가지 종류의 약물이 사용된다.

첫째, 삼환계 항우울제tricyclic antidepressants는 단극성 우울증, 특히 심한 주요우울증에 효과가 있는 것으로 보고되고 있다. 양극성 우울증과 단극성 우울증 환자의 일부는 이 약물에 대한 반응으로 조증 상태를 나타내기도 한다.

둘째, MAO 억제제monoamine oxidase inhibitor는 비전형적인 양상을 보이는 단극성 우울증에 효과적인 것으로 알려져 있다. 이 약물을 사용할 때는 엄격한 식이요법을 해야 하므로 다른 항우울제가 효과가 없을 경우에 사용한다.

마지막으로, 선택적 세로토닌 재흡수 억제제selective serotonin

reuptake inhibitor, SSRI가 최근에 널리 사용되고 있다. SSRI는 신경 전달물질인 세로토닌의 수준을 높여주는 기능을 하는 약물로 서 치료 효과가 빨리 나타나고 부작용이 적은 것으로 알려져 있다. SSRI의 대표적인 약물로는 플루옥세틴fluoxetine(상표명: 프로 작Prozac) 설트랄린sertraline(졸로프트Zoloft), 파록세틴paroxetine(팍실 Paxil)이 있다.

약물치료는 우울증 치료에 효과적이지만 몇 가지 한계가 있다. 우선, 우울증을 겪고 있는 사람 중에는 약물치료를 거부 하는 사람이 많다. 이들은 치료 효과가 있다 하더라도 약물을 통해 자신의 심리적 문제가 치료되는 것을 원치 않는다.

둘째, 대부분의 약물은 여러 가지 부작용을 지니고 있다. 삼환계 항우울제의 경우, 장기간 다량을 복용할 경우 심근경 색을 가져올 수 있다는 보고도 있다. 최근에 이러한 부작용을 최소화하려는 시도가 있지만, 어떤 사람들은 약물치료의 부 작용에 취약해서 잘 견뎌내지 못한다.

셋째, 일반적으로 약물치료가 효과적이기는 하지만 항우울 제를 사용해도 치료 효과가 나타나지 않는 사람들도 있다.

마지막으로, 항우울제는 우울증의 증상을 완화시키는 효과 를 지닐 뿐 우울증의 근본적인 치료방법이라고 할 수 없다. 따 라서 약물치료는 증상이 지속되는 한 장기간 약물을 복용해야 하는 경우가 있다. 또한 약물치료는 우울증의 재발을 예방하지 못한다. 이런 점에서 약물치료는 단독으로 지속적인 치료 성과를 거두는 데에 한계가 있다. 따라서 약물치료는 심리치료와 병행되는 경우가 많으며, 이 경우 우울증의 재발률을 현저하게 감소시킬 수 있었다는 연구 보고가 있다.

(2) 전기충격치료

전기충격치료electroconvulsive therapy는 머리에 일정한 전압의 전류를 연결하여 의도적인 경련을 일으키는 방법으로, 특정한 종류의 우울증에 효과적이라는 것이 밝혀져 1950년대와 1960년대에 널리 사용되었다. 그러나 이 방법은 기억상실증과 같은 심리적 부작용과 부정맥, 고혈압 등의 신체적 부작용이 나타나기도 한다. 뿐만 아니라 이 치료법에 두려움을 가진 환자들이 많기 때문에 현재는 항우울제의 약물치료가 효과를 나타내지 않거나 망상이 있는 우울증일 경우에 한하여 전기충격치료가 사용되는 것이 일반적이다.

(3) 광선치료

광선치료light therapy는 눈에 아주 적은 양의 자외선을 포함한 빛을 노출시키는 방법으로, 주로 계절성 우울증에 시행한다. 빛의 강도를 2,500럭스 정도의 밝은 빛으로 할 때가 400럭스 이하의 어두운 빛에 노출시킬 때보다 효과적이다. 그러나 적절한 노출시간에 대한 합의는 아직 없다.

　한편, 광선치료는 계절성 우울증에 주로 적용하지만 비계절성 우울증에도 효과가 있다는 증거가 있다. 부작용으로 치료기간 동안 불면증, 두통, 눈의 피로, 과민성 등이 나타나기도 한다. 광선치료가 우울 증상을 완화시키는 원리는 아직 잘 알려져 있지 않지만, 밝은 빛이 신체생리적 리듬에 영향을 주기 때문이라는 가설이 있다. ◆

2. 우울증 자가치료의 출발점

　우울한 사람은 적극적인 치료적 노력을 기울이지 않는 경향이 있다. 이들은 자기 자신에 대한 자신감을 상실하게 되고 미래에 대해서도 비관적인 태도를 갖게 되기 때문에, 우울증을 이겨내기 위한 적극적 노력을 기울이기 어렵다. 뿐만 아니라 주변 사람들에 대해서도 회피적이고 철회적인 태도를 취하기 때문에 타인의 도움을 얻고자 하는 노력을 기울이지 않는 경우가 많다. 때로는 모든 노력을 포기한 채 절망 상태에서 삶을 포기하려는 생각을 갖기도 한다. 이렇듯이, 우울증은 증상의 특성상 심리적 문제를 극복하려는 노력을 취하지 못하고 문제가 점점 더 심화되는 악순환에 휘말려 들 수 있다.

1) 우울증은 분명히 치유될 수 있다

우울증은 노력하면 분명히 치유될 수 있는 심리적 문제다. 우울증을 극복하려면 우울증에 대한 올바른 인식을 가지고 적극적인 노력을 기울이는 것이 중요하다.

먼저, 우울증은 많은 사람이 경험하는 매우 흔한 심리적 문제라는 점을 인식해야 한다. 우울증은 약 40% 이상의 사람들이 평생 한 번 이상 경험하게 되는 매우 흔한 심리적 문제다. 우리 사회에서는 자신의 심리적 고민을 다른 사람에게 털어놓거나 표현하지 않는 것이 일반적이다. 따라서 피상적으로 보게 되면 주변 사람들이 다 별 문제 없이 잘 살아가는 것처럼 보인다. 그러나 사실 대부분의 사람은 삶 속에서 여러 가지 좌절을 경험하게 되며 일시적으로나마 우울증을 경험한다.

우울한 사람은 자신의 상태에 대해서 비관적인 생각을 갖는 경향이 있다. 예를 들면, '우울증은 유전에 의한 것이므로 치료될 수 없다' '우울증은 나의 열등한 능력과 잘못된 성격 때문이다. 능력과 성격은 쉽게 변화되지 않는다' '우울증은 나의 열악한 상황 때문이다. 따라서 이러한 상황의 변화가 없는 한 나의 우울증은 치유될 수 없다'는 등의 비관적인 생각을 지니게 된다. 그러나 이러한 생각은 대부분 잘못된 것이다. 우울증은 매우 흔한 심리적 문제이기 때문에 그 치유 방법이 잘 개발되어 있으며 적절한 노력과 치료를 하게 되면 치유 효과가 매우 높은 심리적 문제다.

또한 우울증에 다소의 유전적 요인이 관여할 수는 있지만 그 영향력은 미미하며 노력 여하에 따라 얼마든지 이겨낼 수 있다. 성격이나 능력과 같이 지속적인 개인적 요인이 우울증의 원인이라면 과거에도 계속 우울증 상태에 있어야 할 것이다. 그러나 우울증은 어떤 사건이 계기가 되어 유발되고 악화된다는 사실은 반드시 성격과 능력만의 문제는 아니라는 것을 보여준다. 또한 열악한 상황이 우울증을 유발할 수 있지만, 상황 자체보다는 상황에 대처하는 개인의 자세가 더 중요하다.

2) 우울증, 나는 이렇게 극복했다: 내담자 회고담

우리 주변에는 우울증으로 고통받는 사람도 많고 또한 우울증을 지혜롭게 잘 극복한 사람도 많다. 다음의 회고담에서 소개하고 있는 대학생 내담자는 자신의 외모와 능력에 대한 심한 열등감으로 인해 자살할 생각으로 수면제를 사 모으기도 했었다. 그러나 심리치료와 진지한 개인적 노력을 통해 우울증을 극복하였다. 이 내담자의 회고담은 우울한 사람의 심리적 체험과 극복 과정을 잘 보여주고 있다.

희망과 기대에 가득 차 시작했던 나의 대학생활은 1년도 채 되지 않아 좌절과 절망으로 변했다. 학과 동료들과 어울리면서 왠지 내가 환영받지 못하고 소외당한다는 느낌을 지울 수가 없었다. 동료들과 함께 이야기할 때도 다른 애들은 나름대로 분명한 의견을 논리정연하게 이야기하는데 나는 할 말도 별로 없었고 '내 생각이 어리다'는 생각이 자꾸 들었다. 미팅에 나가서도 나는 인기가 없었고 내가 좋아하는 여학생들은 나를 싫어하는 것 같았다. 나는 체격도 왜소하고, 남성적인 매력도 없으며, 지적인 능력도 부족하고, 다른 사람으로부터 호감을 끌 만한 아무런 능력이 없기 때문이라고 생각되었다.

이런 생각에 휩싸이면서 나는 심한 열등감에 빠지게 되었다. 대학생활이 무의미하게 생각되었고 점점 겉돌기 시작했다. 학교 성적도 극히 나빠졌고 대인관계도 점점 고립되어 갔다. 이런 상황이 개선될 조짐이 전혀 보이지 않았다. 그때는 모든 것이 암담하고 절망스러웠다. 특히 '다른 애들은 다들 나름대로 잘 살아가는데 나만 열등감 속에서 헤매고 있다'는 생각이 더욱 나를 괴롭게 만들었다. 이런 상태로 살아간다는 것이 너무 고통스러웠고 상황은 점점 더 악화될 뿐이었다. 이렇게 고통스럽게 사느니 차라리 죽는 게 낫다는 생각이 자꾸만 들었다. 그래서 죽으려고 여기저기

약국을 돌아다니며 수면제를 사 모으기도 했다.

그러던 중 우연히 학교 게시판에서 '우울증'에 관한 팸플릿을 보게 되었다. 그 팸플릿 속에는 내가 겪고 있는 심리적 문제가 놀라울 정도로 똑같이 기술되어 있었다. 나는 내가 우울증 상태에 있다는 것과 심리상담이 필요하다는 것을 알게 되었다. 그러나 '내 문제가 과연 심리상담을 통해 변화될 수 있을까?' '내 외모와 능력의 문제가 심리상담을 통해 개선될 수 있을까?'라는 회의가 들었다. 그러나 죽음을 생각할 만큼 절박했던 나는 자살하기 전에 마지막으로 심리상담을 한번 받아보기로 했다.

아무에게도 이야기하지 못하고 혼자 번민하던 문제를 심리상담 선생님에게 모두 털어놓았다. 나의 이야기를 자신의 일처럼 진지하게 들어주고 이해해주는 선생님 앞에서 그동안 혼자 겪어왔던 아픔이 나도 모르게 뜨거운 눈물이 되어 흘러나왔다. 사실 변한 것은 아무것도 없었지만, 나의 아픔을 같이 해주고 나의 고민을 함께 상의할 사람이 있다는 사실은 커다란 위안이자 힘이 되었다.

정기적인 만남을 통해서, 나는 과거 내가 상처받고 좌절했던 경험들을 하나씩 되돌아보게 되었다. 그 과정에서 내 자신과 인생에 대해서 많은 것을 깨닫게 되었다. '내가 다른 사람으로부터 인정받고 사랑받기를 얼마나 갈구해왔는

지, 다른 사람의 반응에 얼마나 예민하게 눈치보고 상처받
아왔는지, 나의 존재 가치를 타인의 평가에 얼마나 의존해
왔는지, 다른 사람에게 사랑받기를 갈구해왔을 뿐 내가 다
른 사람을 사랑해주는 일에 얼마나 미숙했었는지'를.

인간은 누구나 불완전하고 나 역시 불완전하며, 누구나
나름대로의 존재 가치가 있듯이 나 역시 내 나름대로의 존
재 가치가 있다는 것을 느끼게 되었다. 그리고 나의 존재 가
치는 반드시 타인의 평가에 의해서 결정되는 것은 아니며,
부족한 점이 많지만 있는 그대로의 내 모습을 한 인간의 모
습으로 받아들일 수 있게 되었다. 이러한 깨달음을 통해서
천근같이 무겁고 암울하던 마음이 서서히 걷히고 내 삶에
대한 나름대로의 의미와 의욕을 느끼게 되었다. 물론 지금
도 여전히 많은 어려움이 남아있지만, 어떻게 살아가야 하
는지에 대한 방향과 희망을 지니고 있다.

지금 돌이켜보면, 우울한 상태에서 지냈던 1년여의 세
월은 지옥 같았다. 하지만 우울증을 극복하는 과정에서 많
은 것을 배우게 되었다. 나 자신과 다른 사람에 대한 비현
실적 기대를 많이 지니고 있었고 그 기대에 미치지 못하는
나 자신을 늘 자책하면서 스스로를 위축시켜왔다는 것을
알게 되었다. 그것은 고통스러웠지만, 우울증이 아니었다
면 내 자신에 대해서 이렇게 심각하게 반성해볼 기회를 갖

지 못했을 것이다. 우울증을 통해 나 자신과 인생을 되돌아보고 좀 더 긍정적이고 생산적인 삶을 살 수 있는 기회를 얻게 되었다.

3) 우울증은 오히려 성숙의 계기가 될 수 있다

우울증은 결코 수치스러운 심리적 장애가 아니다. "아픈 만큼 성숙해진다"는 말이 있듯이, 우울증은 매우 고통스러운 체험이지만 인간을 성숙시키는 계기가 될 수 있다. 어쩌면 인간은 깊은 좌절과 실패의 경험 없이는 결코 성숙할 수 없는지도 모른다.

우울증은 삶의 방식에 대해 무언가 문제가 있음을 알리는 심리적 신호라고 할 수 있다. 삶의 방식에 무언가 새로운 변화를 요구하는 신호인 것이다. 우울한 상태에서 의욕과 흥미가 감퇴하고 활동량이 감소하는 것은, 새로운 변화를 위해 암중모색의 시기를 갖게 하는 순기능적 측면이 있다. 이러한 관점에서 보면, 우울증은 하던 일에서 일시적으로 물러나 휴식을 취하고 자기반성을 하며 에너지를 재충전하는 일종의 적응 현상이라고 볼 수도 있다. 우울증을 통해 자신과 삶을 되돌아보고 자신의 문제점을 개선시킬 수 있다면 더욱 지혜롭고 강한 인간으로 성장할 수 있는 것이다.

인류 역사에서 위대한 업적을 남겼거나 인격적 성숙을 이룬 위인 중에는 한때 심한 우울증을 경험했던 사람들이 많다. 그 대표적인 위인들에는 모세, 루소, 도스토예프스키, 빅토리아 여왕, 링컨, 차이코프스키, 프로이트 등이 있다. 빅터 프랭클Victor Frankl은 제2차 세계대전 당시 아우슈비츠 강제수용소에서 굶주림, 추위, 중노동, 질병, 죽음의 공포와 육체적 · 정신적 고통을 이겨낸 후 의미치료logotherapy라는 심리치료법을 창시하기도 했다. ◆

3. 우울증의 악순환에서 벗어나기

우울증은 쉽게 극복할 수 있는 심리적 문제이지만 자칫 잘못 대처하면 위험한 늪과 같이 점점 더 깊은 곳으로 빠져들 수 있는 함정이 있다. 우울증의 함정이란 우울증 증상의 특성상 빠져들기 쉬운 악순환의 함정이다.

우울증은 부정적 생활사건에 의해서 촉발된다. 이러한 부정적 생활사건을 계기로 자신에 대한 부정적 생각이 증가하고 자기실망, 자기질책, 자기비난, 자기비하를 통해 자기가치감이 저하되면서 우울 증상이 나타나게 된다. 우울 증상은 앞에서 설명했듯이 자신감을 저하시키고 생활에 대한 의욕과 활기를 빼앗아갈 뿐만 아니라 주의집중력, 기억력, 판단력 등의 인지적 기능이 저하되고 사회적 행동이 위축되어 고립되기 쉽다. 이러한 우울 증상으로 인해 실생활에서 처리해야 할 생활과업을 제대로 수행하기 어렵게 되면 학생의 경우 학업성적과

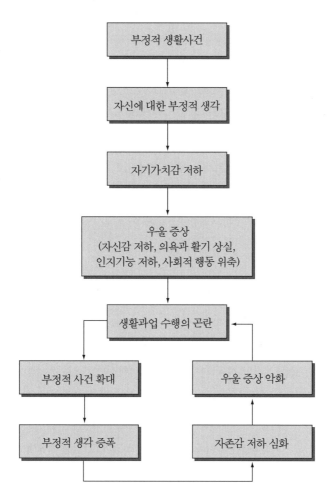

〈우울증이 악화되는 악순환의 과정〉

학교생활에서 문제가 생겨나고, 직장인의 경우 업무성과, 직장 내 대인관계, 가정생활 등에서 여러 가지 문제가 파생된다. 이로 인해 새로운 부정적 생활사건들이 확대될 수 있으며, 그 결과 자신에 대한 부정적 생각이 증폭되고 자기가치감이 점점 저하되면서 우울증이 악화된다. 이러한 악순환이 계속되면서 헤어날 수 없는 우울증의 늪 속으로 빠져들게 되는 것이다.

사소한 생활사건으로 인해 생겨난 경미한 우울증은 악순환의 과정을 거치면서 점점 더 심한 우울증으로 악화되는 경우가 많다. 이러한 악순환의 과정을 한 야구선수의 예를 통해 살펴보자.

아무리 유능한 선수라 하더라도 항상 좋은 성적을 내기는 어려우며 성적이 변화하기 마련이다. 좋은 성적을 내며 팬들의 기대를 모으던 투수가 한 경기에서 홈런을 맞으며 대패하여 패전투수가 되고 말았다. 평소 스스로도 유능한 투수라고 생각해왔던 그는 이러한 패배를 경험하고 나서 '내가 벌써 체력의 한계에 도달한 것은 아닐까?' '나의 구질이 타자들에게 이미 노출된 것은 아닐까?' '다음 게임에 또 지면 어떡하지?' 하는 부정적인 생각들이 머리를 떠나지 않았다. 이러한 생각에 휩싸이면서 투수로서 자신의 능력에 대해 회의가 생겨나고 기분이 우울해지기 시작했다.

그는 게임에 등판할 때마다 이러한 부정적 생각을 지울 수가 없었다. 마음이 복잡하고 타석에 들어선 타자들이 두렵게 느껴지며 위축되어갔다. 이런 상태에서는 좋은 공을 던지기 어려웠고, 역시 많은 안타를 맞으며 패전투수가 되고 말았다. '역시 한계에 도달했나 보다' '투수로서의 생명이 끝나가나 보다' '2군으로 밀려나게 될 거야'라는 비관적 생각에 빠져들게 되면서 우울한 기분에 휩싸이게 되었다.

감독이나 동료의 위로도 모두 위선적으로 들렸고 자신을 비아냥거리는 것처럼 여겨졌으며, 동료 선수들과 어울리기가 싫었다. 혼자 폭음을 하게 되면서 체력과 의욕이 떨어졌고 자연히 연습에도 소홀하게 되었다. 그 결과 다음 게임에서도 좋은 성적을 내지 못하게 되었고, 또다시 우울증의 악순환에 빠져들면서 부진의 늪에서 헤어날 수가 없게 되었다.

이상은 한 야구선수의 예이지만, 누구나 일상생활에서 유사한 경험을 할 수 있다. 이처럼 우연한 부정적 사건이 계기가 되어 우울증의 악순환에 빠져들게 되면 헤어나기 어려운 심각한 상태로 발전될 수 있다.

우울증을 극복하기 위해서는 이러한 악순환의 과정을 잘 인식하고 악순환의 고리를 끊는 것이 중요하다. 우울증의 상태가 심각한 경우에는 반드시 전문가의 도움을 받아야 하겠지만 개인적인 노력에 의해서도 우울증은 극복될 수 있다. 이후의 절에서는 우울증을 극복하기 위해서 개인적으로 시도할 수 있는 자가치료법들이 제시되어 있다. 이러한 방법들은 우울증의 악순환을 여러 측면에서 차단하는 방법들이라고 할 수 있다. ❖

4. 부정적 사고 바꾸기

1) 부정적 사고 자각하기

우리의 기분 상태는 사고 내용과 밀접하게 연관되어 있다. 즉, 어떤 생각을 하느냐에 따라 우리의 기분이 좌우된다. 부정적이고 비관적인 생각은 우리를 우울하게 만든다. 제2장에서 살펴보았듯이, 우울한 사람은 자기 자신, 미래, 주변환경에 대해서 부정적이고 비관적인 생각을 많이 지니게 되는데, 이러한 부정적인 생각들은 흔히 생활사건에 의해서 촉발된다.

(1) 우울하게 만드는 부정적인 생각들

우울증을 극복하는 주요한 한 가지 방법은 우울한 기분을 유발하는 부정적인 생각을 자각하고 변화시키는 것이다. '생활사건 → 부정적 생각 → 우울한 기분'의 과정에서 부정적 생각을 변화시키게 되면 우울한 기분이 변화하게 된다. 이러한 논리는 인지치료의 가장 핵심적인 내용이다.

우리는 누구나 삶 속에서 크고 작은 부정적 생활사건을 경험하게 된다. 사실 우리의 삶은 크고 작은 생활사건들의 연속이라고 할 수 있다. 부정적 생활사건들이 발생하지 않도록 하는 것이 최선이지만, 부정적 생활사건들 중에는 우리가 예측할 수 없고, 우리 의사와는 상관없이 발생하며, 우리의 능력으로 통제할 수 없는 것들이 많다. 이렇게 누구나 경험하는 생활사건에 대해서 어떻게 대처하느냐 하는 것이 우리 삶에 있어서 매우 중요한 과제다. 사람마다 생활사건에 대처하는 방식이 다르며, 이러한 대처방식의 차이가 사람마다의 삶을 다르게 만든다.

그렇다면 생활사건이 어떻게 우리의 삶에 영향을 미치는가? 생활사건은 그 자체로 직접 우리의 삶에 영향을 미치지는 않는다. 생활사건에 대해 우리가 부여한 의미에 의해서 우리의 삶이 영향을 받는다는 점을 이해하는 것이 중요하다. 어떠한 사건이든 그 자체로 고정된 의미를 지니는 것은 없다. 동일한 사건을 경험하고도 사람마다 의견이 분분한 이유가 여기에 있다. 우리 인간은 환경자극에 대해서 나름대로의 의미를 부여하는 능동적 존재다. 인간은 생각하는 존재이고 사람마다 생각하는 방식이 다르다. 우리가 경험하는 생활사건들에 대해서 어떻게 생각하느냐 하는 것이 우리의 기분 상태를 결정하고 우리 삶의 모양을 다르게 만든다. 여기에 우리 인생의 중요한 비밀이 숨겨져 있다.

우울한 사람은 생활사건에 대해 의미를 부여하는 데 있어서 독특한 방식을 지닌다. 이들에게는 생활사건의 의미를 부정적이고 비관적인 것으로 파악하려는 경향이 있다. 이러한 부정적 사고 경향은 현실을 부정적으로 과장하고 왜곡하여, 여러 가지 의미로 해석될 수 있는 생활사건에 대해서 특히 부정적인 의미에 집착한다. 그리고 우울한 사람은 자신의 이러한 부정적 생각이 현실이라고 강하게 믿는다. 부정적 생각을 지니고 세상을 보게 되면, 세상은 부정적으로 보이게 되고 우울한 기분은 점점 더 강해진다.

우울증에서 벗어나는 방법은 이러한 악순환의 과정을 잘 이해하고 여기에서 벗어나는 것이다. 즉, 자신의 부정적 사고 방식을 자각하고 변화시키는 것이다. 여기에서 소개하는 방법은 벡Beck이나 엘리스Ellis와 같은 인지치료자들이 제시하는 방법에 근거하고 있다. 이를 위해서는 첫째, 우울한 기분을 악화시키는 부정적 사고 내용을 자각해야 한다. 둘째, 이러한 부정적 사고가 과연 올바르고 합리적인 생각인지를 살펴보고 따져보아야 한다. 셋째, 좀 더 합리적이고 긍정적인 생각이 무엇인지 대안적 사고를 찾아본다. 넷째, 이러한 대안적 사고를 유지하고 강화시킴으로써 우울한 기분에서 벗어난다.

(2) 부정적 생각 찾아보기

인지치료의 원리를 자신에게 적용하는 첫 단계는 우울증을 유발하는 부정적 사고를 찾아내는 일이다. 우울증은 여러 가지 부정적이고 비관적인 생각에 의해서 유발되고 악화된다. 그러나 우울한 사람은 자신을 우울하게 만드는 부정적 생각을 자각하지 못할 때가 많다. 그냥 별 이유도 없이 우울한 기분이 밀려든다고 말한다. 때로는 부정적 생각이 마음속을 스쳐 지나가기 때문에 분명하게 자각되지 않기도 한다. 또는 부정적 생각들이 막연하게 뒤엉켜 있어서 구체적으로 자각되지 않은 채 우울한 기분만이 느껴질 때가 많다.

그러나 우울한 기분은 부정적 사고에 의해 유발되며, 이러한 사고 내용을 자각하는 것이 우울증을 극복하는 첫 단계다. 어떤 생각들이 나를 우울하게 만드는가? 어떤 상황(또는 사건)에서 이러한 부정적 생각들이 떠오르는가? 부정적 생각을 찾아내는 가장 좋은 방법은 '생활사건 → 부정적 생각 → 우울한 기분'의 분석틀 속에서 최근에 특히 우울했던 상황이나 사건과 우울한 기분을 연결시킨 부정적 생각이 무엇이었는지를 찾아보는 것이다. 즉, 우울한 기분을 느끼게 했던 그 상황에서 어떤 생각이 떠올랐는지 또는 어떤 생각이 스쳐 지나갔는지를 살펴보는 것이다.

(3) A-B-C 기법

부정적 사고를 확인하는 대표적 방법이 엘리스가 제시하는 A-B-C 기법이다. 여기서 A는 선행사건antecedent events이고, B는 선행사건에 대한 사고 내용beliefs을 뜻하며, C는 결과적 감정consequent emotion을 의미한다. A-B-C 기법은 생활사건과 부정적 생각과 우울 감정의 연결 과정을 좀 더 분명하게 살펴 우리를 우울하게 만드는 생각을 찾아내는 데 유용한 방법이다.

일상생활 속에서 우리에게 가장 먼저 포착되는 것은 우울하고 괴로운 기분이다. 이렇게 우울감(C)이 느껴질 때 이러한 기분을 느끼게 된 상황이나 사건(A)을 살펴 A(선행사건) → C(우울감)의 연결을 찾아낸다. 이때 가능하면 사건에 대한 주관적 평가를 배제하고 객관적 상황을 기억해낸다. 아울러 사건 그 자체는 우울감을 유발하지 못한다는 사실을 명심하고 생활사건과 우울감 사이에 개입된 생각이 어떤 것이었는지를 살펴본다. 그때 그 사건을 어떤 의미로 받아들였는가? 그 사건 당시 어떤 생각들이 스쳐 지나갔는가? 지금 돌이켜본다면, 그 사건에 대해서 어떤 생각을 할 것인가? 이런 물음을 통해 개입된 생각들을 찾아볼 수 있다. A-B-C 기법을 적용한 몇 가지 예를 들어보자.

　　대학생인 K군은 학과 동료들과 모인 술자리에서 별로 할 말이 없었고 동료들도 자신에게는 별로 말을 걸지 않았다. 이런 술자리가 끝나고 나서 우울감에 빠져들었다. 그 상황에서 K군이 지녔던 생각을 살펴본 결과, K군은 자신이 그 당시에 '나는 대화에서 관심을 끌 만한 이야기를 하지 못할 만큼 아는 게 부족하다' '나는 다른 동료들에게 인기가 없다' '말도 하지 않는 나를 이상한 놈이라고 생각할 것이다' '나는 동료들로부터 따돌림당할지 모른다'는 생각이 우울감에 젖게 했다는 것을 알게 되었다. 이것을 A-B-C 기법에 따라 도식으로 정리하면 다음과 같다.

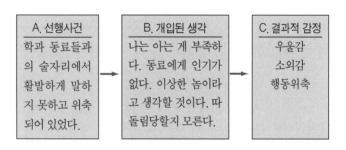

　　S교수는 강의를 끝내고 나올 때마다 왠지 기분이 우울해진다. 나름대로 열심히 강의 준비를 하고 성의껏 강의를 하지만, 매번 강의에 주의집중하지 못하거나 조는 몇몇 학생들이 눈에 띈다. 이때 S교수는 '내 강의가 재미없나 보다.

나는 강의를 잘 못한다. 학생들은 나를 싫어한다. 교수로서 나는 자질이 부족하다. 이런 게 알려지면 다음 학기에 학생들이 수강하지 않을 것이다' 라는 생각이 스쳐 지나가면서 우울해진다. S교수의 예를 A-B-C 기법에 따라 정리하면 다음과 같다.

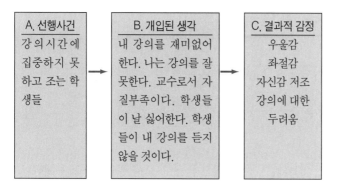

A. 선행사건	B. 개입된 생각	C. 결과적 감정
강의시간에 집중하지 못하고 조는 학생들	내 강의를 재미없어 한다. 나는 강의를 잘 못한다. 교수로서 자질부족이다. 학생들이 날 싫어한다. 학생들이 내 강의를 듣지 않을 것이다.	우울감 좌절감 자신감 저조 강의에 대한 두려움

3년째 열심히 고시공부를 하는 T씨는 올해도 1차 시험에서 낙방하였고 심한 우울증 상태에 빠지게 되었다. T씨는 시험에 낙방하고 '다들 잘 붙는데 왜 나만 안 되는 것일까? 역시 나는 무능하다' '세 번이나 떨어졌으니 내 능력의 한계에 도달했다' '기대했던 가족들이 얼마나 낙심할까?' '주변 사람들이 나를 비웃을 것이다' '고시를 포기하고 평범한 회사원이 된다는 것은 인생의 실패자를 의미한다' '취

직도 요즘은 쉽지 않으니, 이러다가 백수가 되어 폐인이 되는 것은 아닐까?' 하는 생각에서 헤어날 수가 없었다. T씨의 예는 다음과 같이 요약될 수 있다.

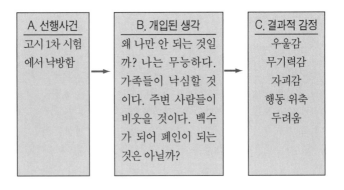

A. 선행사건	B. 개입된 생각	C. 결과적 감정
고시 1차 시험에서 낙방함	왜 나만 안 되는 것일까? 나는 무능하다. 가족들이 낙심할 것이다. 주변 사람들이 비웃을 것이다. 백수가 되어 폐인이 되는 것은 아닐까?	우울감 무기력감 자괴감 행동 위축 두려움

이상에서 살펴보았듯이, 우울 감정은 생활사건에 대한 부정적 사고에 의해서 생성된다. 크고 작은 생활사건을 계기로 생성된 부정적 사고들이 축적되면 우울증 상태로 발전하게 된다. 물론 앞의 경우들처럼 모든 생활사건에 대해서 개입된 생각들이 분명하게 포착되는 것은 아니다. 그러나 우울했던 상황이나 사건을 되돌아보면서 A-B-C의 틀 속에서 우리의 체험을 찬찬히 살펴보게 되면 우울한 기분에 젖게 만드는 생각들이 드러나게 된다.

(4) 부정적 사고의 평가척도

A-B-C 기법은 우울감을 느끼게 하는 구체적인 사건과 개입된 생각을 살펴보는 방법이다. 그러나 여러 가지 생활사건을 경험하면서 생성된 부정적 사고가 막연하게 우리의 마음속을 떠다니는 경우가 많다. 이처럼 우리를 우울하게 만드는 다양한 부정적 사고를 평가해볼 수 있는 검사들 가운데 대표적인 검사가 자동적 사고척도Automatic Thought Questionnaire, ATQ다. 여기에서는 이 척도를 축약한 간략한 검사를 소개한다. 이 검사를 통해서 어떤 부정적인 생각들을 지니고 있는지 평가해볼 수 있다.

이 밖에도 자신의 생각을 글로 정리하거나 일기를 쓰는 것도 부정적 생각을 포착하는 좋은 방법이다. 부정적 사고는 흔히 자신에게 독백처럼 내뱉는 속말이나 혼잣말의 형태로 나타날 수 있으므로 이를 잘 살펴보면 도움이 된다.

이렇듯, 여러 가지 방법으로 자신의 부정적 생각을 자각하는 일은 우울한 기분을 극복하기 위한 기본적인 작업이다. 사실 부정적 사고를 자각하는 일 자체가 때로는 우울감을 완화시키기도 한다. 우울감을 유발하는 실체를 확인하게 되면 우울감을 통제할 수 있다는 자신감이 생겨나기 때문이다. 그러나 우울증을 좀 더 근본적으로 극복하기 위해서는 부정적 사고의 정당성을 살펴보고 보다 현실적인 대안적 사고로 대체하는 것이 필요하다.

단축형 자동적 사고 척도

　다음은 가끔씩 우리의 머릿속에 떠오르는 여러 가지 생각을 열거한 것입니다. 각 문장을 읽고, 지난 한 주 동안 얼마나 자주 이러한 생각들이 떠올랐는지를 표시해주시기 바랍니다. 각 문장을 잘 읽고, 아래와 같이 그 빈도에 따라 적당한 숫자에 ○표 해주십시오.

0	1	2	3	4
전혀 그렇지 않다	가끔 그렇다	종종 그렇다	자주 그렇다	항상 그렇다

1. 살아가는 일이 너무 힘겹게 느껴진다.·········· 0　1　2　3　4
2. 나는 쓸모없는 사람이다.······························· 0　1　2　3　4
3. 나를 이해해주는 사람이 없다.······················· 0　1　2　3　4
4. 내가 해온 일을 계속할 수 없을 것 같다. ····· 0　1　2　3　4
5. 나는 너무 나약하다.····································· 0　1　2　3　4
6. 내 인생은 내가 원하는 대로 흘러가고 있
　 지 않다.··· 0　1　2　3　4
7. 나 자신에 대해 매우 실망하고 있다.·········· 0　1　2　3　4
8. 나는 새로운 일을 착수할 수 없다.··············· 0　1　2　3　4
9. 다른 곳에서 살았으면 좋겠다.····················· 0　1　2　3　4
10. 나 자신을 싫어한다. ·································· 0　1　2　3　4
11. 나는 가치 없는 인간이다. ·························· 0　1　2　3　4
12. 어디론가 사라져버리고 싶다.····················· 0　1　2　3　4
13. 내 인생은 엉망진창이다.···························· 0　1　2　3　4
14. 나는 인생의 실패자다.······························· 0　1　2　3　4

15. 나는 결코 성공하지 못할 것이다. ……………… 0 1 2 3 4
16. 나는 무기력하다. ……………………………………… 0 1 2 3 4
17. 나에겐 틀림없이 무언가 잘못되어 있다. ……… 0 1 2 3 4
18. 미래에 대한 희망이 없다. …………………………… 0 1 2 3 4
19. 가치 있게 느껴지는 것이 없다. ………………… 0 1 2 3 4
20. 어떤 일도 끝까지 해낼 수 없다. ……………… 0 1 2 3 4

채점 및 해석

20문항에 대한 응답에 해당하는 숫자를 모두 합한 것이 부정적 사고의 총점이 된다. 총점은 0점에서 80점까지의 범위에 속할 수 있다.

0~10점	정상적 범위의 부정적 사고를 나타내고 있으며, 현재의 삶에 만족하거나 별 불만이 없는 상태다.
11~25점	부정적 사고가 다소 증가된 상태로서, 현재의 삶에 다소 불만족감을 느낄 수 있다.
26~40점	부정적 사고가 상당히 증가된 상태로서, 현재의 삶에 불만족감이 높으며 우울 증상이 나타날 수 있다.
41점 이상	부정적 사고가 매우 많은 상태이며, 상당히 심한 우울증을 지니고 있을 수 있으므로 조속히 전문가와 상의해야 한다.

2) 부정적 사고의 정당성 살펴보기

사건 그 자체에는 정해진 의미가 없다. 사건에 대한 의미는 우리 자신이 부여하는 것이다. 그리고 우리가 부여한 의미가 사고의 형태로 담겨져 우리의 감정을 좌우한다. 사건의 의미는 보는 관점에 따라서 다양하게 변화될 수 있으며 여기에는 매우 복잡한 심리적 과정이 관여한다. 따라서 우리가 어떤 사건에 대해서 부여한 의미가 때로는 과장되거나 편파적이거나 왜곡될 수 있다. 그래서 우리는 종종 다른 사람의 의도를 오해하여 불필요하게 분노하거나 상황의 한 측면만을 보고 낭패감에 젖기도 한다.

우울증 상태에 있는 사람은 대부분 현실을 부정적인 방향으로 과장하고 왜곡하는 경향이 있다. 이들은 양면적인 의미를 담고 있는 상황에서 부정적인 측면에만 편향적으로 관심을 기울이는 경향이 있다. 물론 우울증을 경험하는 당사자에게는 자신의 부정적 생각이 자명한 사실이며 상황을 달리 해석할 여지가 없는 것처럼 여겨진다. 이것이 우울증의 함정이다. 이러한 함정에 빠지게 되면 우울증의 악순환 과정으로 휘말려 들어 점점 더 부정적 생각이 강화된다.

우울증을 극복하는 주요한 작업은 우리를 우울하게 만드는 부정적 생각이 과연 올바른 것인지를 반문해보는 것이다. '과연 이러한 생각이 정당한 생각인가?' '이렇게 생각할 충분한 근거가 있는가?' '내가 사건의 의미를 과장하거나 비약하고 있지는 않은가?' '다른 사람이 나와 같은 상황에 있다면 나와 같은 생각을 할까?' '이러한 생각이 나에게 어떤 도움이 되는가?' '달리 생각할 수는 없는가?'

(1) 객관성 살펴보기

우울증을 극복하는 관건은 일견 자명해 보이는 부정적 사고의 정당성에 대해서 스스로 반문하는 일이다. 부정적 사고에 대한 첫 번째 반문은 '나의 생각이 그 사건에 대한 객관적인 생각인가?'라는 물음이다. '객관적인 생각'이란 과학자가 충분한 자료에 근거하여 현상을 이해하듯이, 주관적 편견에 얽매이지 않은 사실적인 생각을 뜻한다.

이를 위해서 '이렇게 생각할 충분한 근거가 있는가?' '사건의 부정적 측면만을 본 일방적인 생각은 아닌가?' '다른 사람도 나와 같은 상황에 있다면 나와 같은 생각을 할까?' '달리 생각할 수는 없는가?'라는 질문을 스스로에게 던져볼 수 있다.

충분한 근거도 없이 일방적인 부정적 생각에 의해서 스스로 고통을 자초할 필요는 없지 않은가? 순간순간 무심코 떠오르는 부정적 생각에 감정을 맡겨버리기보다는, 이러한 생각을 자각하여 그 정당성을 한 번쯤 반문하는 것은 매우 중요하다.

(2) 논리성 살펴보기

부정적 사고에 대해서 제기할 수 있는 두 번째 반문은 '이러한 생각들이 과연 논리적인 것인가?'라는 물음이다. 생활사건에 의해 촉발된 부정적 생각들은 꼬리를 물고 확대되어간다. 마치 논리학자가 하나의 명제로부터 논리적인 추론을 통해 다른 명제로 발전시켜나가듯이, 우울한 사람은 부정적 생각들을 확대시켜나간다. 그러나 우울한 사람은 이 과정에서 여러 가지 논리적인 오류를 범하게 된다.

예에서 본 S교수의 경우, 강의시간에 조는 학생들을 보면서 떠오른 '내 강의가 재미없나 보다'라는 생각이 '나는 강의를 잘 못한다' '학생들이 나를 싫어한다' '교수로서 나는 자질이 부족하다' '다음 학기에 학생들이 수강하지 않을 것이다'라는 부정적인 생각으로 확산되어간다. 이러한 생각에 대해서 '과연 이런 생각들이 논리적으로 올바른 것인가?' '내가 사건의 의미를 과장하거나 비약하고 있지는 않은가?'라고 반문해볼 필요가 있다. 논리적으로 비약되고 과장된 부정적 생각에 의해서 스스로 고통을 가중시킬 필요가 없기 때문이다.

(3) 유용성 살펴보기

마지막으로 할 수 있는 반문은 부정적 사고의 유용성에 대한 것이다. 많은 경우, 생활사건이 의미하는 바에는 정답이 없다. 즉, 생활사건에 대해 여러 가지 해석이 가능한 경우가 대부분이다.

그렇다면 하필 나를 괴롭게 만들고 나의 적응을 힘들게 만드는 생각에 집착할 필요가 있는가? 이왕이면 나에게 긍정적인 영향을 줄 수 있는 유용한 생각을 하는 것이 바람직하다.

이를 위해서 부정적 생각에 대해 '이런 생각이 나에게 도움이 되는가?' '이런 생각이 나를 기분 좋고 활기차게 만드는 데에 어떤 도움이 되는가?' '이런 생각이 나의 목표를 추구하는 데에 도움이 되는가?' '이런 생각이 다른 사람과 좋은 관계를 유지하는 데에 도움이 되는가?'라는 물음을 스스로에게 던져볼 수 있다.

(4) 정당성 살펴보기의 2가지 결과

부정적 생각의 정당성에 대해서 반문을 한 결과는 크게 2가지 경우로 나눌 수 있다. 첫째는 자신의 부정적 생각이 정당하지 않다고 판단되는 경우다. 자신이 상황을 너무 비관적으로 보고 있다거나 긍정적인 측면을 간과했다거나 모호한 상황에 대해서 너무 섣불리 판단을 했다고 여겨질 때가 있다. 이러한 경우에는 부정적인 생각에 변화가 일어난다. 즉, 상황에 대한 재해석을 통해 좀 더 정당한 대안적인 생각으로 대체할 수 있다. 그 결과 우울한 기분에 변화가 나타나게 된다.

또 다른 경우는 부정적 사고에 대해서 아무리 반문을 해보아도 자신의 생각이 정당하다고 판단되는 경우다. 자신이 처한 상황에서는 어느 누구라도 같은 생각을 할 수밖에 없다고 느껴질 때가 있다. 이 경우에는 좀 더 심층적인 분석 작업이 필요하다. 즉, 부정적인 생각이 반영하는 자명한 사실이 자신의 삶에 어떤 영향을 미치고 있는지를 살펴보는 것이다. 현실에 대한 부정적인 생각이 우리를 우울하게 만드는 것은 그것이 자신과 세상에 대한 기대와 신념에 어긋나기 때문이다. 따라서 이러한 기대와 신념을 탐색하여 변화시키는 작업이 뒤따르게 된다(이러한 작업에 대해서는 다음 절에서 자세히 설명될 것이다).

3) 긍정적인 대안적 사고 발견하기

이 세상 모든 것은 보는 관점에 따라 달리 보인다. 보는 관점이 달라지면 동일한 물건이 달리 보이듯이, 우리의 삶도 마찬가지다. 모든 일에는 긍정적인 면과 부정적인 면이 있기 마련인데, 우울한 상태에서는 부정적인 면이 확대되어 보이고 긍정적인 면은 축소되어 보인다. 그래서 자신과 세상에 대해서 부정적이고 비관적인 생각을 하게 되는 것이다. 이런 점에서 우울증을 유발하는 부정적인 생각은 편파적인 것이다. 우울증을 극복하는 관건은 부정적으로 편향된 생각을 바로잡는 것이다.

(1) 대안적 사고 찾아내기

부정적 생각의 정당성을 따져보게 되면 흔히 우리의 생각이 편향적이었다는 것을 자각하게 된다. 때로는 우리의 생각이 충분한 근거 없이 비약되었거나 부정적 측면에만 치우친 생각이라는 것을 발견하게 된다. 또는 여러 가지 해석이 가능한 상황에서 나 자신을 비하하고 고통스럽게 하는 생각에만 빠져 있었다는 것을 깨닫게 된다.

부정적 생각이 올바르지 못한 편향된 것이라면 어떤 생각이 정당한 것인가? 어떻게 달리 생각할 수 있는가? 우울증에서 벗어나는 다음 단계는 부정적 생각의 대안을 찾아보는 것이다. 대안적인 사고를 찾아서 부정적인 생각의 자리에 대신 바꾸어 넣음으로써 우울증에서 벗어날 수 있다.

그러나 우울증 상태에서 부정적 생각에 빠져 있다 보면 다른 대안적 생각을 발견하기가 어렵다. 또한 대안적 생각을 찾아내지 못하면 부정적 생각의 부당성을 확신하기 어려운 경우가 많다. 이런 점에서 대안적 사고를 발견하는 일은 매우 중요하다. 대안적 사고를 찾기 위해서는 다음과 같은 질문을 스스로 던져볼 수 있다.

- 이 상황에서 어떤 다른 해석(또는 생각)이 가능한가?
- 어떤 생각이 좀 더 객관적인 생각일까?
- 어떤 생각이 좀 더 논리적으로 올바른 생각인가?
- 다른 사람(특히, 존경하는 사람)은 이 상황에서 어떻게 생각할까?
- 어떻게 생각하는 것이 나에게 도움이 될까?
- 어떤 생각이 나를 기분 좋고 활기차게 만드는 데에 도움이 되는가?
- 어떤 생각이 나의 목표를 추구하는 데 도움이 되는가?
- 어떤 생각이 다른 사람과 좋은 관계를 유지하는 데 도움이 되는가?

대안적 사고는 우선 현실적이고 합리적인 생각이다. 즉, 현실을 가능한 한 있는 그대로 객관적이고 사실적으로 해석한 생각이다. 또한 논리적인 비약 없이 충분히 현실에 근거한 생각이다. 아울러 상황의 긍정적 측면과 부정적 측면을 균형 있게 고려한 생각이다. 이런 점에서 대안적 사고는 무조건 긍정적으로 생각하는 것과는 다르다. 또한 여러 가지 해석이 가능한 모호한 상황에서는 나의 삶에 도움이 될 수 있는 것으로 대안적 사고를 찾아볼 수 있다.

(2) 대안적 사고의 예

대안적 사고는 개인이 처한 상황과 사건에 따라 달라질 수 있다. 따라서 정답처럼 정해져 있는 것이 아니라 개인이 처한 상황에서 '발견'하는 것이다. 대안적 사고의 예를 살펴보기 위해, 앞에서 예시했던 세 명의 사례에서 부정적 사고의 대안을 찾아보기로 한다.

우선 학과 동료들과의 술자리에서 우울감을 느꼈던 대학생 K군은 그 당시에 '나는 아는 게 부족하다' '나는 다른 동료들에게 인기가 없다' '나를 이상한 놈이라고 생각할 것이다' '동료들로부터 따돌림당할지 모른다'라는 부정적인 생각을 하였다. 그렇다면 이러한 생각 대신 어떤 대안적 생각을 할 수 있는가? K군이 처한 상황에서 생각해볼 수 있는 대안적 사고를 살펴보자.

- ◆ **부정적 사고**: 나는 아는 게 부족하다.
- ◇ 대안적 사고
- • 그날 화제는 나에게 익숙지 않은 주제였다.

- 내가 모든 면에서 아는 게 부족한 것은 아니다.
- 말을 많이 한다고 아는 게 많은 것은 아니듯이, 말이 없다고 아는 게 없는 것은 아니다.
- 많은 이야기를 들었으니 많이 얻은 것이다.

◆ 부정적 사고: 나는 친구들에게 인기가 없다.
◇ 대안적 사고
- 화제를 잘 아는 사람에게 말을 걸게 되는 것이지, 내가 특별히 인기가 없기 때문은 아니다.
- 사실 그날 몇 사람만이 화제를 주도하고 나머지 사람들은 주로 듣는 편이었다.
- 사람들은 오히려 잘 들어주는 사람을 좋아한다.

◆ 부정적 사고: 나를 이상한 놈이라고 생각할 것이다.
◇ 대안적 사고
- 말을 적게 했다고 이상한 놈이라고 보지는 않는다.
- 나 외에도 그날 말을 거의 하지 않은 사람이 여럿 있었다.
- 사실 사람들은 자기 말하기에 바빠서 남들을 유심히 살펴보지 않는다.

◆ 부정적 사고: 앞으로 따돌림당할지도 모른다.

◇ 대안적 사고

• 그날 말을 많이 하지 않은 사람이 나뿐만은 아니다.

• 사람을 따돌릴 만큼 나쁜 동료들이 아니다.

• 오히려 튀는 사람들이 따돌림을 당한다.

자신의 강의시간에 졸고 있는 학생들을 보고 우울감을 느꼈던 S교수는 당시에 '학생들이 내 강의를 재미없어 한다' '나는 강의를 잘 못한다' '학생들이 나를 싫어할 것이다' '앞으로 학생들이 내 강의를 듣지 않을 것이다' 라는 부정적인 생각을 하였다. 이 경우 S교수는 어떤 대안적 생각이 가능할까?

◆ 부정적 사고: 학생들이 내 강의를 재미없어 한다.

◇ 대안적 사고

• 조는 학생들은 일부분이며 대부분의 학생은 강의를 열심히 들었다.

• 모든 강의에서 조는 학생들은 몇몇 있기 마련이다.

• 반드시 강의가 재미없어 조는 것이 아닐 수도 있다.

◆ 부정적 사고: 나는 강의를 잘 못한다.

◇ 대안적 사고

• 강의에 최선을 다했고, 열심히 듣는 학생도 있다.

• 강의를 매우 잘 하지는 못한다 해도 보통은 될 것이다.

• 학생들의 평가를 들어보고 미흡한 부분은 보완하면 된다.

◆ 부정적 사고: 학생들이 나를 싫어한다.

◇ 대안적 사고

• 학생들이 내가 싫어서 강의시간에 조는 것은 아니다.

• 나를 좋아하는 학생도 있고 싫어하는 학생도 있을 수 있다.

◆ 부정적 사고: 앞으로 학생들이 내 강의를 듣지 않을 것이다.

◇ 대안적 사고

• 다음 학기에 두고 볼 일이다. 미리 속단할 건 아니다.

• 내가 열심히 강의한다면 뜻 있는 학생들은 수강할 것이다.

• 많은 학생이 수강한다고 반드시 좋은 강의는 아니다.

고시에 낙방하고 우울증 상태에 빠져든 T씨는 '다들 잘 붙는데 왜 나만 안 되는 것일까? 역시 나는 무능하다' '기대했던 가족들이 얼마나 낙심할까?' '주변 사람들이 나를 비웃을 것이다' '고시에 실패하면 실직자가 되어 폐인이 되는 것은 아

닐까?'라는 부정적인 생각에 휩싸이게 되었다. 이런 상황에서
T씨는 어떤 대안적 사고를 할 수 있을까?

◆ 부정적 사고: 다들 잘 붙는데 왜 나만 안 되는 것일까?

◇ 대안적 사고

• 주변에는 붙은 사람도 있지만, 사실 떨어진 사람이 훨씬
더 많다.

• 소수를 제외하고는 대부분 여러 번 낙방한 후에 합격하
는 경우가 많지 않은가?

◆ 부정적 사고: 나는 무능하다.

◇ 대안적 사고

• 누구나 몇 번은 낙방하는 어려운 시험이다. 내가 특별히
무능하다고 단정할 수는 없다.

• 실망스럽지만 나를 너무 책망할 건 없다.

• 낙방 원인을 분석해서 다음 시험을 잘 보도록 노력하면
된다.

◆ 부정적 사고: 주변 사람들이 나를 비웃을 것이다.

◇ 대안적 사고

• 사실 주변 사람들은 나를 위로할 뿐, 비웃는 사람은 없다.

- 내 자격지심에 그렇게 느껴지는 것이다.
- 낙방했다고 비웃음을 받는다면, 이는 낙방한 모든 사람이 겪는 고통이다.
- 또 비웃으면 어떤가? 나름대로 최선을 다했고 중요한 것은 최종적인 결과다.

◆ **부정적 사고**: 고시에 실패하면 실직자가 되어 폐인이 되는 것은 아닐까?

◇ 대안적 사고

- 설혹 고시공부를 포기한다고 해서 인생이 끝나는 것은 아니다.
- 그동안 공부한 것을 활용하면 취업이 가능하다.
- 평범한 회사원이 된다고 인생의 패배자가 되는 것은 아니다.

이상에서 부정적인 생각에 대한 몇 가지 대안적 사고의 예를 살펴보았다. 이 밖에도 다양한 대안적 사고가 가능하다. 대안적 사고를 찾을 때 중요한 것은, 자신이 수긍할 수 있는 긍정적인 생각을 찾아내는 것이다. 이런 점에서 대안적 사고는 '무조건 긍정적으로 생각하는 것'과는 다르다. 무조건적인 긍정적인 생각은 역시 현실을 외면하고 왜곡한 것이기 때문이

다. 아무리 긍정적인 생각이라도 자신이 수긍할 수 없는 생각
이라면 아무런 영향력이 없다.

(3) 대안적 사고로 대체하기

자신이 수긍할 수 있는 긍정적인 대안적 사고를 발견했다
면 이제 부정적 사고를 이러한 대안적 사고로 대체하는 노력
이 필요하다. 생각이 바뀌면 기분이 달라지고 세상이 달리 보
인다. 부정적 사고는 마치 검은 안경처럼 세상을 어둡게 보이
게 하지만, 긍정적인 대안적 사고의 안경으로 바꾸면 세상이
밝게 보인다. 우울감을 느끼게 했던 부정적 사고를 대안적 사
고로 바꾸게 되면 침체되었던 의욕이 다시 살아나고 새로운
희망이 생기는 것을 느낄 수 있다.

물론 대안적 사고로 한두 번 대체한다고 해서 우울한 기분
이 일시에 사라지는 것은 아니다. 그러나 우울하고 불쾌한 기
분이 느껴질 때마다 개입된 부정적 생각을 자각하고 합리적인
대안적 생각을 찾아내어 대체하는 일을 지속하다 보면 우울한
기분이 변할 뿐만 아니라 인생이 변하게 된다. 이렇게 부정적
생각을 현실적인 긍정적 생각으로 전환하는 방법은 삶을 지혜
롭게 살아가는 데 중요한 기술이다. ◆

5. 역기능적 신념 바꾸기

우울한 사람이 지니는 부정적 생각은 완강한 경우가 많아 자신이 지닌 부정적 생각이 자명한 사실이라고 확신한다. 자신이 처한 상황에서는 어느 누구라도 같은 생각을 할 수밖에 없으며 다른 대안적 생각을 고려할 여지가 없이 너무나 분명한 사실로 여긴다. 따라서 부정적 사고에 대해 아무리 반문을 해보아도 자신의 생각이 정당하다는 결론에 도달하게 된다. 이렇게 자신의 부정적 생각에 대한 확신이 들 경우에는 어떻게 할 것인가?

1) 우울증의 근원, 역기능적 신념

현실에 대한 부정적인 생각이 우리를 우울하게 만드는 것은 자신과 세상에 대한 기대와 신념에 어긋나기 때문이다. 예컨대, '나는 못생기고 무능해서 사람들로부터 항상 무시당한 다' 는 부정적 생각이 우울감을 유발하는 이유는 '나는 잘생기 고 유능하여 사람들로부터 항상 인정을 받아야 한다' 는 기대 가 있기 때문이다. 그러나 그러하지 못하기 때문에 우울하고 불행하게 느껴지는 것이다.

사람들은 누구나 자신과 세상에 대한 여러 가지 기대를 품 고, '나는 ~해야 한다' 또는 '나는 ~해야 행복할 수 있다' 는 행복과 만족의 조건에 대한 신념을 지니고 있다. 이러한 행복 의 조건들이 충족되지 않으면 불만스럽고 불행하게 느낀다. 그러나 사람마다 행복과 만족의 조건은 다르다. 즉, 행복할 수 있는 조건의 내용과 기대수준이 다르다. 그렇기 때문에 동일 한 상황에서도 어떤 사람은 불행감을 느끼는 반면, 어떤 사람 은 행복감을 느낀다. 일반적으로 행복해지기 위한 조건이 많 고 기대수준이 높은 사람일수록 불행감을 느끼기 쉽다. 왜냐 하면 행복의 많은 조건과 높은 기대수준을 현실 속에서 충족 시키는 일은 그만큼 어렵기 때문이다. 이처럼 현실 속에서 충 족되기 어려운 비현실적인 기대와 신념을 지닌 사람은 우울해 지기 쉽다.

우리를 우울하게 만드는 비현실적인 신념을 역기능적 신념 dysfunctional belief이라고 한다. 역기능적 신념은 우울증의 근원 적 요인으로서 인지 이론에서 자세하게 설명한 바 있다. 우울한 사람이 지니는 역기능적 신념은 흔히 자신에 대해서 '나는 ~해야 한다' 또는 '나는 ~해서는 안 된다' 라는 당위적 기대와 요구를 담고 있다. 역기능적 신념의 대표적인 예는 '나는 다른 사람들로부터 항상 사랑받아야 한다' '나는 절대로 다른 사람의 미움을 사서는 안 된다' '나는 완벽해야 한다' '나는 실수해서는 안 된다' '나는 남보다 우월해야 한다' '나는 열등하고 나약한 모습을 보여서는 안 된다' 등의 신념이다.

이러한 역기능적인 신념과 기대는 흔히 실제 생활 속에서 충족되지 않는 경우가 많기 때문에 비현실적이라고 할 수 있다. 즉, 실현되기 어려운 일을 자신에게 요구하고 기대하기 때문에, 역기능적 신념을 지닌 사람은 현실 속에서 좌절을 많이 경험하게 된다.

예를 들어, '나는 다른 사람으로부터 항상 사랑받아야 한다' 라는 당위적 기대를 지니고 사는 사람의 경우를 살펴보자. 이들은 이러한 기대를 실현시키기 위해 나름대로 열심히 노력하여 많은 사람에게서 사랑을 받을 수도 있겠지만, 그렇다고 모든 사람으로부터 항상 사랑받을 수는 없다. 때로는 그를 싫어하고 미워하는 사람이 생길 수도 있는 것이다. 이럴 경우에 이들은 커다란 심리적 상처를 받는다.

또한 이런 기대를 지닌 사람은 다른 사람이 자신을 미워하거나 싫어하는 것에 매우 예민해질 수밖에 없다. 자신에게 분명하게 호감을 표현하지 않는 사람에 대해서는 '흑백논리적 오류'를 통해 자신을 싫어하는 것으로 해석하는 잘못을 범하기 쉽다. 그 결과 대인관계에서 부정적 생각이 자주 유발되어 우울해지기 쉬운 것이다.

2) 역기능적 신념 찾아내기

역기능적 신념은 우리의 일상적 경험에 은밀하게 부정적인 영향을 미치고 있지만 심층적 인지이기 때문에 잘 자각되지 않는다. 그렇다면 어떻게 역기능적 신념을 찾아낼 수 있는가?

역기능적 신념을 탐색하는 한 가지 방법은 우리가 일상생활에서 체험하는 우울한 경험을 단서로 하여 그 바탕이 되는 생각들을 추적해가는 것이다. 즉, 우울감을 유발하는 부정적 사고를 확인하고 나서, '이 부정적 사고의 내용이 사실이라면 왜 나는 괴로워하는가?'라는 물음을 던져나가는 것이다.

우리가 괴로워하는 것은 부정적 사고의 내용이 우리의 기대나 신념에 어긋나기 때문이다. 부정적 사고가 우리를 고통스럽게 하는 이유를 추적해 들어가다 보면 역기능적 신념의 실체가 하나씩 드러나게 된다. 이러한 방법을 하향화살표 기법down-arrow technique이라고 한다. 한 가지 예를 통해서 하향화살표 기법의 적용 방법을 살펴보자.

술자리에서 대화에 끼지 못하고 위축되어 우울감을 느꼈던 대학생 K군이 지녔던 부정적 생각 중 하나는 '나는 아는 게 부족해서 동료들과의 대화에 끼어들지 못한다'는 것이었다. 이러한 부정적 생각을 단서로 하여 '그렇다면 그 사실이 왜 나를 괴롭히는가?'라는 물음을 제기하고 어떤 생각들이 그 기저에 존재하는지를 살펴볼 수 있다.

이러한 과정을 통해서 K군이 내면적으로 지니고 있던 신념 내용들이 드러나게 된다. K군이 술자리에서 대화에 끼지 못해 우울해진 것은, 지식이 부족하여 친구들로부터 무시당하고 결국에는 고립되어 불행해질 것이라는 연쇄적인 생각이 있었기 때문이다. 즉, '고립된 삶은 불행하므로 결코 고립되어서는 안 된다'는 신념에 반하는 일이 벌어졌기 때문에 우울해졌던 것이다.

이처럼 우울감을 유발하는 역기능적 신념은 대부분 융통성 없이 당위적이고 절대적인 명제로 우리를 압박한다. 만약 K군이 '나도 때로는 고립될 수 있다. 고립된 삶이 반드시 불행한 것은 아니다'라는 유연한 생각을 지닐 수 있었다면, 같은 상황에서 그토록 우울해졌을까?

이상에서 살펴본 예와 같이, 하향화살표 기법은 우리를 우울하게 만드는 부정적 사고가 우리의 삶에 미치는 진정한 의

나는 대화에 끼지 못할 만큼 지식이 부족하다.

↓

이 생각이 사실이라면, 왜 나는 괴로워하는가?

↓

지식이 부족하면 동료들이 나를 무시하고 싫어할 것이다.

↓

이 생각이 사실이라면, 왜 나는 괴로워하는가?

↓

동료들이 싫어하면, 나를 멀리하거나 따돌릴 것이다.

↓

이 생각이 사실이라면, 왜 나는 괴로워하는가?

↓

나를 멀리하면, 나는 고립될 것이다.

↓

고립된 삶은 불행하다. 나는 절대로 고립되어서는 안 된다.

↓

이 생각이 사실이라면, 왜 나는 괴로워하는가?

〈하향화살표 기법을 적용한 예〉

미를 지속적으로 자문해보게 한다. 생활사건에 대해서 의미를 부여한 자동적 사고의 내용이 정당하다고 판단될 경우에, '부정적 사고 내용이 사실이라면, 과연 나에게 어떤 의미가 있는가? 나의 삶에 어떤 영향이 있는가? 왜 내가 괴로워해야 하는가? 과연 내가 진정 두려워하는 것은 무엇인가?'라는 물음을 스스로에게 던짐으로써 역기능적 신념이 모습을 드러내게 된다.

3) 역기능적 신념의 주요 내용

역기능적 신념은 흔히 자명한 절대적인 명제로 느껴지기 때문에 그 문제성이 자각되지 않으므로 하향화살표 기법을 통해서도 분명하게 포착되지 않는 경우가 많다. 우울증을 유발하는 역기능적 신념의 주요한 내용은 여러 연구에서 이미 밝혀져 있다. 인지 이론에서 소개한 바 있듯이, 역기능적 신념은 크게 2가지 주제와 관련되어 있다.

하나는 사회적 의존성에 대한 것으로서, 행복해지기 위해서는 타인으로부터 사랑과 인정을 받는 것이 반드시 필요하다는 믿음들이다. 즉, 자신의 인간적 가치나 행복을 타인의 평가와 애정에 의존하는 신념들이다. 역기능적 신념의 또 다른 주제는 성취와 자율성에 관한 것이다. 행복해지기 위해서는 뚜렷한 성취나 업적을 이루고 독립적인 존재가 되어야 한다는 믿음들이다.

이러한 2가지 주제는 우리가 자신의 존재 가치를 평가하는 주요한 기준이다. 타인의 애정과 자신의 성취는 누구나 중요시하는 행복의 조건이다. 그러나 역기능적 신념은 지나치게 이러한 조건에 집착하여 절대적이고 완벽주의적이며 융통성 없이 자신에게 강요하는 특성을 지닌다. 따라서 이러한 신념들은 현실 속에서 대부분 실현되기 어렵기 때문에 좌절감을 유발하고 그 결과 우울증에 빠져들게 한다.

 역기능적 신념의 주요 내용

사회적 의존성과 관련된 역기능적 신념
- 다른 사람의 사랑과 인정 없이는 행복해질 수 없다.
- 나의 인간적 가치는 다른 사람의 평가에 달려 있다.
- 나를 아는 대부분의 사람이 칭찬해주지 않으면, 나는 행복할 수 없다.
- 사랑하는 사람이 나를 더 이상 사랑하지 않으면 나는 존재할 가치가 없다.
- 다른 사람이 나를 어떻게 생각하느냐가 중요하다.
- 의지할 사람이 없으면 당연히 불행해진다.
- 다른 사람이 나를 싫어한다면, 나는 행복할 수 없다.
- 다른 사람들로부터 고립되면 불행해지기 마련이다.

성취 및 자율성과 관련된 역기능적 신념

• 어떤 일이든지 내가 원하는 대로 이루어져야 한다.
• 다른 사람의 통제와 간섭을 받는 것은 내가 무능력하다는 것이다.
• 어떤 분야에 특별한 재능이나 업적이 없으면, 나는 무가치한 존재다.
• 직업에서의 실패는 한 인간으로서의 실패를 의미한다.
• 남들보다 어떤 일을 잘하지 못한다면, 그것은 내가 열등하기 때문이다.
• 좋은 생각을 많이 가지고 있는 사람이 가치 있는 사람이다.
• 실수를 하면 사람들이 나를 업신여길 것이다.
• 다른 사람에게 도움을 요청하는 것은 나약함의 표시다.
• 절반의 실패는 전부 실패한 것이나 다름없으므로, 어떤 일이든지 완벽하게 해야 한다.

4) 유연하고 합리적인 신념으로 전환하기

역기능적 신념이 포착되면, 그 신념의 정당성을 살펴보고 합리적인 대안적 신념을 찾아보는 것이 필요하다. 우리는 누구나 자신과 인생에 대해서 나름대로의 신념을 지니고 있다. 이러한 신념들이 우리의 인생관과 가치관을 이루고 있으며 우리의 삶에 지대한 영향을 미치고 있다. 그러나 자신도 모르게 성장 과정에서 형성된 신념들 중에는 우리의 아는 게 부족하면, 동료들이 무시하고 싫어할 것이다.

과연 그런가?

친구 간에는 지식보다 신뢰와 애정이 중요하다.
지식의 양이 인격의 척도가 되는 것은 아니다.
대학생인 나보다 아는 게 적은 사람은 어떡하란 말인가?

동료들이 싫어하면, 나를 멀리하거나 따돌릴 것이다.

과연 그런가?

사람을 싫어한다고 항상 따돌리는 것은 아니다.
학과에는 나를 좋아하는 동료도 있지 않은가?

고립된 삶은 불행하다. 나는 절대 고립되어서는 안 된다.

과연 그런가?

고립된 삶은 누구도 원치 않는 것이다. 그러나 때로는 고립될
수도 있다. 고립된다고 반드시 불행해지는 것도 아니다. 종교인
이나 예술가는 고립된 상태에서 인격적 성숙과 창조적 업적을
내지 않았는가?

〈K군 사례에서의 하향화살표 기법〉

◆ **역기능적 신념**: 다른 사람의 사랑과 인정 없이는 행복해질 수 없다.

◇ **합리적 신념**: 다른 사람의 사랑과 인정은 중요하다. 그러나 그것 없이도 행복해질 수 있다. 오히려 그것에 연연하여 불행해지는 경우가 많다. 행복해지는 길은 다양하다.

◆ **역기능적 신념**: 어떤 분야에 특별한 재능이나 뚜렷한 업적이 없으면 나는 무가치한 존재다.

◇ **합리적 신념**: 특별한 재능과 업적이 있는 것은 좋은 일이다. 그러나 뚜렷한 재능과 업적이 없다고 해서 내가 무가치해지는 것은 아니다. 인간은 누구나 있는 그대로 소중하고 가치 있는 존재다.

◆ **역기능적 신념**: 다른 사람의 통제와 간섭을 받는 것은 내가 무능력하다는 것을 뜻한다.

◇ **합리적 신념**: 반드시 무능력한 사람만이 통제와 간섭을 받는 것은 아니다. 나도 불완전한 존재이므로 때로는 통제와 간섭을 받을 수 있다. 통제와 간섭을 수용하며 견디는 사람이 더 강한 사람이다.

〈역기능적 신념에 대한 합리적인 대안 신념〉

삶에 악영향을 미치는 역기능적인 것들이 있다. 이러한 역기능적 신념들이 불필요하게 우리를 괴롭히고 우울하게 만들고 있다. 따라서 이러한 신념들을 찾아내어 그 정당성을 따져보고 보다 합리적인 유연한 신념으로 전환함으로써 우리의 삶이 변화하게 된다.

우선 포착된 신념에 대해서 그 정당성을 따져보아야 한다. 과연 이러한 신념이 실현 가능한 것인가? 삶의 현실에 비추어 순리적이고 합리적인 것인가? 나의 삶에 도움이 되고 있는가? 이러한 물음을 진지하게 던짐으로써 역기능적 신념의 정당성을 살펴보아야 한다.

역기능적 신념의 정당성을 따져보는 일은 하향화살표 기법과 함께 이루어질 수도 있다. 하향화살표 기법을 적용하는 과정에서 나타난 생각과 신념에 대해서 그 정당성을 따져보아야 한다. 아울러 역기능적 신념에 대체할 수 있는 보다 합리적인 대안적 신념을 찾아내는 것이 중요하다. 합리적인 신념들은 우선 현실적인 삶 속에서 실현 가능한 것이어야 한다. 아무리 이상적인 것이라도 실현 불가능한 신념은 좌절만 초래할 뿐이다.

또한 합리적인 신념은 유연하고 융통성이 있다. 역기능적 신념은 '항상' '반드시' '완벽하게' '~해야 한다'는 당위성과 절대성을 지닌 경직된 신념인 경우가 많다. 그러나 우리의 현실은 '항상' '반드시' '완벽하게' 할 수도 없고 또 그럴 필요가 없는 경우가 대부분이다. 이런 점에서 합리적인 신념은 대부분 절대적이기보다는 상대적이고 유연한 형태를 취한다.

이처럼 합리적 신념은 현실적이고 유연한 신념으로서 우리의 삶을 효과적이고 편안하게 만든다. 우울증은 우리의 삶을 변화하도록 권유하는 신호라고 할 수 있다. 우리가 지닌 신념체계, 즉 인생관과 가치관에 무언가 문제점이 있으므로 변화하도록 요청하는 신호인 것이다. 비현실적이고 경직된 역기능적인 신념을 현실적이고 유연한 합리적 신념으로 전환함으로써 우리는 궁극적으로 우울증으로부터 자유로워질 수 있다.

사노라면 우리의 희망에 상관없이 어떤 불행한 일도 벌어질 수 있다. 유연하고 합리적인 신념을 지닌 사람은 어떠한 부정적 생활사건에 직면하더라도 이를 탄력있게 수용하며 지혜롭게 대처할 수 있다. 우리 자신과 세상에 대해서 유연하고 합리적인 인생관과 가치관을 지니는 것이 건강하고 성숙한 삶의 관건이라고 할 수 있다. ❖

6. 자기대화를 통한 우울증 이겨내기

　우울한 사람이 지니는 부정적 생각과 신념은 매우 집요한 경우가 많아서 아무리 긍정적인 대안적 사고를 찾아내어 생각을 바꾸려고 해도 부정적 생각이 자꾸만 떠오른다. 불쾌한 생활사건에 접하게 되면 또다시 부정적 생각이 무럭무럭 솟아오르게 된다. 자신의 부정적 생각이 올바른 판단이라고 생각되고, 긍정적인 대안적 생각은 상황을 억지로 외면하려는 비겁한 자기합리화라고 여겨서 다시 부정적 생각으로 되돌아가 집착하게 된다. 따라서 인지치료적인 방법들이 모두 비효과적인 것으로 느껴지며 우울증을 이겨내려는 노력을 포기하게 된다.

　이러한 모습은 우울증이 심한 사람에게 흔히 일어나는 일이며 또한 자연스러운 일이기도 하다. 왜냐하면 이들에게 부정적인 사고방식은 습관처럼 쉽게 바꾸기 어려운 것이기 때문이다. 사고방식도 하나의 습관이다. 우울한 사람은 자신과 세상을 부정적으로 보는 사고방식에 오랫동안 익숙해져 왔기 때문에 이러한 사고방식을 바꾸는 것이 쉽지는 않다.

우울증을 이겨내는 관건은 이처럼 집요한 부정적인 사고방식을 어떻게 극복하느냐에 달려 있다. 그렇다면 이토록 집요한 부정적인 사고방식을 어떻게 바꿀 수 있는가? 인생관처럼 뿌리 깊게 박혀 있는 역기능적인 신념을 어떻게 변화시킬 수 있는가?

1) 부정적인 혼잣말과 긍정적인 혼잣말

사고는 언어가 내면화된 것이다. 생각을 한다는 것은 밖으로 소리를 내지 않고 내면적으로 말을 하는 것이라고 할 수 있다. 어린아이들을 유심히 관찰해보면 혼자서 놀이를 하면서도 마치 상대방에게 이야기하듯이 입으로 중얼거리는 모습을 볼 수 있다. 언어를 내면화할 수 있는 사고의 능력이 발달하지 않았기 때문이다.

아이는 성장하면서 점차 혼잣말을 밖으로 내뱉지 않고 내면화하여 속으로 생각하게 된다. 그래서 사고though는 말을 내면화한 것으로서 혼잣말self-talk, 내면적 언어internal language, 내면적 독백internal monologue, 내현적 언어행위covert verbalization라고 지칭되기도 한다.

부정적인 생각도 이렇게 내면적 언어의 형태로 우리에게 체험된다. 예를 들어보자. 실수를 한 사람은 자신의 행동에 대해서 '어휴, 바보같이 또 실수했구나' '난 늘 이 모양이야!' '멍청이같이, 죽어라 죽어'라는 속말로 자신을 질책하게 된다. 이런 속말은 자신도 분명히 의식하지 못할 만큼 깊숙이 내면화되어 나타날 수도 있고, 때로는 입술을 움직이며 은밀히 내뱉기도 하며, 경우에 따라서는 소리를 내어 자신에게 외쳐 댈 수도 있다.

이렇듯 생각은 다양한 형태의 혼잣말이나 속말로 나타나게 된다. 이런 점에서, 우울한 사람은 자기 자신에 대한 부정적인 속말이 많은 사람이라고 할 수 있다. 마치 다른 사람을 비난하듯이, 혼잣말로 자신을 부정적인 속말로 비하하는 것이 우울한 사람들의 주된 특징이다. 자기 자신에게 높은 기준을 세워 놓고 이에 미치지 못할 때마다 자신을 속말의 형태로 질책하게 되면 스스로 우울해지는 것이다.

부모와 자녀의 관계에서도 부모가 자녀에게 까다로운 높은 기준을 설정하고 이에 미치지 못할 때마다 자녀를 여지없이 질책하게 되면 자녀는 주눅이 들게 된다. 그러나 부모가 자녀의 사기를 북돋울 수 있는 긍정적인 대화 방법으로 바꾸게 되면 부모와 자녀의 관계도 개선될 수 있다. 부정적인 면만을 지

적하며 질책하기보다는 자녀의 긍정적인 면을 인정해주고 부
정적인 면을 수용해주게 되면, 자녀는 더 건강하게 성장할 수
있다.

이와 마찬가지로, 우울한 사람은 자신과의 내면의 대화방
식을 바꾸는 것이 필요하다. 자신에게 비현실적인 높은 기대
(즉, 역기능적 신념)를 지니고 자신의 부정적인 면을 캐내어 질
책하기보다는, 자신에게 현실적인 기대(즉, 합리적 신념)를 지
니고 자신의 긍정적인 면을 스스로 인정하고 부정적인 면을
수용하면 훨씬 활기차고 건강한 삶으로 변하게 된다. 물론 부
모의 비판적 대화방식이 하루아침에 변화되기 어렵듯이, 자
신에 대한 부정적 대화방식이 쉽게 변화하지는 않는다. 그러
나 습관은 노력하면 변할 수 있듯이, 자신에 대한 대화방식도
노력하면 바꿀 수 있다.

2) 건강한 자아와 병적 자아의 대화

우리는 마음속으로 자기대화를 하면서 생각을 전개한다.
스스로 묻고 대답하고 때로는 상반된 생각으로 갈등하기도 한
다. 이러한 현상은 마치 우리의 내면 속에 긍정적 관점을 지닌
대화자와 부정적 관점을 지닌 대화자가 있어서 서로 대화를
나누는 것처럼 내면적 사고가 전개된다. 즉, 긍정적 속말을 하

는 건강한 자아healthy self와 부정적 속말을 하는 병적 자아 pathological self가 그것이다. 우울한 사람의 경우, 병적 자아는 비판적 관점을 지니고 질책을 하며 부정적 속말을 내뱉는 나의 일부다. 반면에, 건강한 자아는 수용적이고 긍정적인 관점에서 자신을 격려하고 성장시키려는 나의 일부라고 할 수 있다. 이 2개의 자아가 마음속에서 대화를 나누는 것이 우리의 사고 과정이라고 할 수 있다.

병적 자아는 우리에게 말한다. '너는 열등해. 너는 무능해. 제대로 하는 게 하나도 없잖아. 너를 좋아하는 사람은 아무도 없어. 너는 무가치한 존재야. 너의 미래는 암담해. 어떤 노력을 해도 소용없어. 차라리 너는 이 세상에서 없어지는 게 나아.' 이렇게 병적 자아가 하는 속말에만 귀를 기울이고 설득당하게 되면 우울증 상태에 빠지게 된다.

그러나 한편으로 건강한 자아는 우리에게 말한다. '아니야. 나도 잘하는 부분이 있어. 어떻게 인간이 모든 면에서 완벽할 수 있어? 나를 좋아하는 사람도 있어. 어떻게 모든 사람에게 인정받을 수 있어? 지금은 부족할지 몰라도 노력하면 변화할 수 있어. 앞으로 잘하는 게 중요해.'

우울한 사람의 경우는 병적 자아의 힘이 강해서 건강한 자아가 위축된 상태라고 할 수 있다. 즉, 병적 자아의 목소리는 매우 커서 강한 영향을 미치는 반면, 건강한 자아의 목소리는

잘 들리지 않을 정도로 약화된 상태라고 할 수 있다. 따라서
우울증을 극복하기 위해서는 건강한 자아의 힘을 키우고 건강
한 자아의 목소리를 높여야 한다.

건강한 자아의 힘을 키우는 일은, 자애롭고 수용적인 부모
처럼, 자기 자신의 긍정적인 측면을 높이 평가하고 부정적인
측면을 수용하면서 자신에게 긍정적인 속말을 자주 해주는 것
이다. 특히 부정적 속말이 나타났을 때 이에 대응하여 대안적
인 긍정적 속말을 하는 것이다. 이러한 방법을 인지치료에서
는 되받아치기 또는 반격하기countering라고 한다.

반격하기는 건강한 자아의 발언권과 영향력을 강화하는
방법이다. 우울한 상태는 병적 자아의 영향력이 지나치게
강력해진 상태라고 할 수 있다. 따라서 자신이 무능하고 열
등하게 보이며, 자신을 비하하고 질책하는 부정적인 속말을
많이 하게 된다. 우울한 사람이 지니는 부정적인 사고가 속
말의 주요한 내용을 이루게 된다. 이러한 부정적인 속말에
대해서 속수무책으로 자기비하를 지속하게 되면 점점 더 심
한 우울한 상태로 빠져들게 된다.

따라서 이때는 좀 더 타당한 현실적인 내용의 긍정적인 속
말을 통해서 자신을 격려하는 것이 중요하다. 우울한 사람 중
에는 다른 사람에게는 매우 너그러우면서도 자신에게는 지나
치게 혹독한 사람들이 많다. 자애롭고 지혜로운 사람이 타인

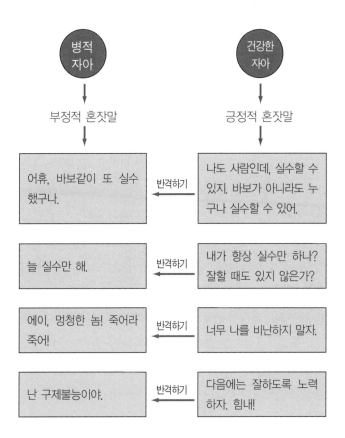

〈반격하기의 예〉

에게 대하듯이, 자신에게도 앞으로 더 잘할 수 있도록 너그럽게 격려할 필요가 있다. 건강한 자아를 통해서 긍정적인 속말을 자꾸 들려줌으로써 좌절하지 않고 힘을 얻어 더 나은 삶을 위해 노력하게 한다.

3) 효과적인 긍정적 자기대화

일상적인 대화에도 기술이 필요하듯이, 자기대화에도 기술이 필요하다. 부정적인 속말을 내뱉는 병적인 자아에 대해서 효과적으로 대응할 필요가 있다. 병적인 자아의 목소리를 약화시키기 위한 효과적인 반격 방법은 다음과 같다.

첫째, 현실적인 내용으로 반격한다. 억지스러운 비현실적인 내용으로 반격하는 것은 효과적이지 않다. 스스로 충분히 수긍할 수 있는 현실적이고 합리적인 내용으로 반격하는 것이 효과적이다. 따라서 현실적으로 적절하다고 생각되는 대안적 사고를 찾아내 혼잣말로 반격해야 한다.

둘째, 간결하고 짧게 반격한다. 반격하는 혼잣말은 가능하면 짧고 간결하며 분명한 것이 좋다. 너무 복잡하거나 길고 모호한 말은 효과가 감소된다. 예를 들어, '나는 단점투성이야'에 대해서 '나는 단점이 있긴 있지만 다른 사람들도 대부분 지니고 있는 단점이며, 단점투성이라고 할 정도로 단점이 많은 것은 아니야'라는 반격 내용은 물론 좋은 대안적인 혼잣말이긴 하지만 너무 길다. 오히려 '아니야, 나는 장점도 많아' '사람은 누구나 단점이 있어'와 같이 짧고 간결한 형태의 속말이 효과적이다.

셋째, 부정적 사고와 반대되는 내용으로 반격한다. 가능하면 긍정적 내용으로 혼잣말을 하는 것이 부정적 사고를 약화시키는 데 효과적이다. 예를 들어, '난 늘 실수만 해'에 대해서는 '아니야, 나도 잘할 때가 있어'라고 반대되는 말을 하는 것이 좋다. '다른 사람들이 나를 싫어한다'에 대해서는 '아니야, 나를 좋아하는 사람도 있어' 또는 '나는 단점투성이야'에 대해서는 '아니야, 나는 장점도 많아'와 같이 반대되는 내용의 반격이 보다 효과적이다.

넷째, 가능한 한 다양한 내용으로 반격한다. 한 가지 부정적 사고 내용에 대해서 가능한 여러 가지 대안적 사고 내용을 찾아내서 반격하는 것이 효과적이다. 예를 들어, '나는 단점투성이야'에 대해서 '나는 장점도 많아' '단점이 없는 사람이 어디 있어' '너무 완벽해도 매력 없어' '내 단점을 알고 있는 것이 나의 장점이 될 수 있어'와 같이 부정적 사고 내용을 논박하는 다양한 측면의 대안적 사고로 반격하는 것이 좋다.

마지막으로, 강하게 반격한다. 주장적이고 공격적으로 강한 감정을 담아서 반격하는 것이 효과적이다. '나는 단점투성이야'라는 속말에 대해서 작은 소리로 '나는… 장점도… 많아…'라고 말하기보다는, 강하고 공격적인 큰 내면의 소리로 '아니야! 나는 장점도 많아!!!'라고 반격하는 것이 효과적이다. 가능한 상황이라면 큰 소리로 말해보는 것도 좋다.

이처럼 우리를 우울증 상태로 몰아갈 수 있는 병적 자아의 부정적 속말에 대해서 효과적으로 대응해야 한다. 병적인 자아에 대해서 때로는 강력하게 도전하고 때로는 논리적으로 설득하는 다양한 방법이 사용될 수 있다. 인생을 건설적으로 유도할 수 있는 긍정적인 자기대화를 통해 건강한 자아의 힘을 길러가는 것이 중요하다. ◆

7. 우울한 기분 벗어나기

생각과 기분은 밀접하게 연관되어 서로에게 영향을 미친다. 즉, 부정적인 생각을 하게 되면 기분이 우울해지고, 기분이 우울해지면 생각이 부정적으로 변한다. 따라서 생각을 바꾸면 기분이 변하고, 기분이 바뀌면 생각이 달라진다.

우울한 기분과 부정적인 생각에 휩싸여 있는 우울증 상태에서 벗어나기 위해서는 크게 2가지 길이 있다. 첫째는 부정적인 생각을 긍정적인 생각으로 바꿈으로써 우울한 기분으로부터 벗어나는 길이다. 이 방법은 인지치료에서 초점을 두고 있는 방법으로서, 앞의 여러 장에서 자세하게 설명하였다.

또 다른 방법은 우울한 기분을 좀 더 유쾌한 기분으로 전환시킴으로써 부정적인 생각에서 벗어나는 길이다. 우울한 기분 상태에서는 즐거움을 느끼기 어렵고, 의욕도 저하되어 일을 하기가 싫어지며, 사람을 만나는 일도 귀찮아서 피하게 된다. 따라서 사회적으로 위축되고 무기력해지기 쉽다. 이런 상태에서는 유쾌한 일을 접하기가 어렵다. 오히려 부정적인 생각이 몰려들고 우울한 기분만 점점 더 깊어진다.

이러한 우울증의 악순환에서 벗어나는 한 가지 방법은 우울한 기분을 직접 변화시키는 것이다. 우울한 기분을 즐겁고 유쾌한 기분으로 전환시키는 것이다. 유쾌한 기분을 경험하게 되면 부정적인 생각이 긍정적으로 변하고, 의욕과 활기가 되살아나서 우울증의 악순환으로부터 벗어날 수 있다. 이렇게 우울한 기분에서 벗어날 수 있는 몇 가지 방법들을 소개한다(Rosenthal, 2002).

1) 기분 전환하기

우울할 때는 우울한 일과 상황을 벗어나 보는 것이 도움이 될 때가 많다. 부정적 생각과 관련된 우울한 상황에 지속적으로 머물게 되면 상황의 여러 가지 단서가 부정적 생각을 촉진시켜 우울한 기분을 강화한다. 따라서 이러한 상황을 떠나 새로운 상황에 들어감으로써 우울 기분을 지속시키는 혐오적 상황을 피하고 기분이 변화될 수 있다.

기분 전환을 위해서 일상생활에서 벗어나 새로운 체험을 해보는 것도 한 방법이다. 멀리 낯선 곳으로 여행을 떠나보거나 직장에서 휴가를 얻어 쉬어보는 것도 기분을 전환시킬 수 있다. 높은 산을 등반하거나 장애인 시설에서 며칠간 봉사활동을 하고 나서 우울한 기분에서 벗어난 사람도 있다. 때로는 재미있는 영화를 보는 일, 감동적인 책을 읽는 일, 좋아하는 운동을 하는 일, 쇼핑을 하는 일과 같이 작은 변화를 시도해 보는 것도 기분 전환에 도움이 된다. 현재의 우울한 상황을 떠나 나름대로 기분을 전환시킬 수 있는 다양한 방법을 시도해보자.

2) 즐겁고 유쾌한 활동하기

우울한 상태가 되면 일상생활 속에서 즐거움을 느끼기가 어려워진다. 따라서 즐거움을 느낄 수 있는 활동에 적극적으로 참여함으로써 우울한 기분을 즐거운 기분으로 변화시키는 노력이 필요하다. 이 방법은 적극적으로 즐겁고 유쾌한 기분을 느낄 수 있는 일을 찾아 해보는 것이다. 과거에 즐거운 기억으로 남아있는 활동이나 평소에 유쾌한 기분을 느끼게 되는 활동을 해본다.

유쾌한 활동은 사람마다 다르지만 일반적으로 친한 친구와 대화하기, 취미활동, 운동, 등산, 재미있는 영화나 코미디물 보기, 맛있는 음식 먹기, 쇼핑, 명상 등을 통해서 즐겁고 편안

한 기분을 느낄 수 있다. 자신이 유쾌해질 수 있는 일들의 목록을 만들어 시도해보는 것도 좋다.

3) 자기문제 털어놓기

우울한 기분으로부터 벗어나기 위해서는 다른 사람에게 괴로운 마음을 마음껏 털어놓고 이야기하는 것만큼 좋은 방법도 없다. 가족, 친구, 선후배, 동료 중에서 자신의 마음을 잘 이해해줄 수 있는 사람과 허심탄회한 대화를 나누며 무거운 기분을 털어낸다. 이렇게 우울한 마음을 혼자 지닌 채 괴로워하지 말고 타인에게 우울한 마음을 충분히 털어놓고 또 타인으로부터 괴로운 마음을 이해받는 것만큼 우울한 기분을 벗어나게 하는 좋은 방법도 없다. 이때 상대방은 우울한 사람의 이야기를 진지하게 경청하고 그 괴로운 마음을 헤아려 공감해주는 것이 중요하다.

자신의 마음을 털어놓을 사람이 없을 경우에는 심리상담자와 같은 전문가의 도움을 받을 수 있다. 심리상담자는 누구에게나 이러한 역할을 할 자세를 가지고 있고, 전문적 능력을 지닌 사람들이다.

4) 약물치료

우울한 기분에서 벗어나는 한 가지 방법은 항우울제를 복용하는 것이다. 우울한 기분을 변화시키기 어려울 때는 정신과 병원에서 적절한 약물을 처방받는 것이 바람직하다. 항우울제는 뇌의 생화학적 변화를 유도하여 우울한 기분을 경감시키는 효과를 지니고 있다. 약물치료는 다소의 부작용이 있으며 사람에 따라서는 효과가 잘 나타나지 않는 경우도 있다. 그러나 최근에는 부작용을 최소화하는 여러 가지 좋은 항우울제가 개발되어 있다. ◆

8. 행동 변화를 통한 우울증 이겨내기

　우울증은 생활 속의 크고 작은 부정적 사건으로부터 촉발된다. 또한 우울한 상태에서 문제 상황에 적절히 대처하지 못하여 원치 않는 불쾌한 일들이 발생하게 된다. 우리를 고통스럽게 하는 생활사건 중에는 우리 자신이 어떻게 행동하느냐에 따라 발생하지 않을 수 있는 것들이 많다. 특히 대인관계에서 일어나는 부정적인 사건들은 우리의 미숙한 행동에 의해 유발되는 경우가 많다. 또한 일상생활의 여러 가지 문제 상황에 효과적으로 대응하지 못해 어려운 상황에 처하게 되는 경우가 있다.

　따라서 대인관계나 문제 상황에 효과적으로 대처하는 행동 방식을 지니게 되면 부정적인 생활사건을 방지할 수 있다. 나아가 대인관계나 주변환경을 좀 더 긍정적으로 변화시킬 수 있을 것이다.

이 절에서는 우울한 사람이 노력해야 할 행동적 변화에 대해서 살펴보기로 한다.

1) 사회적 기술의 향상

우울한 기분은 대인관계에서 발생하는 크고 작은 사건에 의해 촉발되는 경우가 많다. 또한 우울한 사람은 대인관계가 위축되어 사회적으로 고립되기 쉽다. 따라서 다른 사람을 통해 긍정적 강화를 받을 수 있는 기회를 갖기가 어려운 것이다.

행동치료자는 타인으로부터 긍정적 강화(즉, 애정과 인정)를 받을 수 있는 사회적 행동을 하지 못하거나 타인의 기분을 상하게 하여 거부나 비난을 받게 되는 사람에게 우울증이 발생한다고 본다. 따라서 타인으로부터 긍정적 강화를 유도할 수 있고 타인의 거부나 비난을 방지할 수 있는 효과적인 사회적 행동 능력, 즉 사회적 기술social skill을 향상시킴으로써 우울증이 개선될 수 있다.

사회적 기술은 여러 가지 대인관계 기술, 즉 의사소통 기술, 자기표현 기술, 자기주장 기술 등으로 구성되어 있다. 예를 들어, 다른 사람에게 자신의 의사를 분명하게 잘 표현하지 않아 오해가 싹트고 그 결과로 대인관계가 악화되는 경우가 있다.

이런 경우에 자신의 의사를 분명하게 효과적으로 전달하여 오해의 소지를 줄이고 긍정적인 대인관계를 촉진하는 의사소통 기술communication skill은 대인관계의 갈등을 줄일 뿐만 아니라 효과적인 대인관계를 통해 긍정적 강화를 유발하게 된다. 의사소통 기술 또는 대화 기술에는 대화를 시작하기, 질문하기, 적절하게 자기공개하기, 대화를 예의바르게 끝내기 등의 기술이 포함된다.

어떤 사람은 타인에게 호감을 느끼면서도 표현하지 못해 친밀한 관계를 맺지 못하거나 반대로 불쾌감을 느끼면서도 표현하지 못한 채 혼자 괴로워하기도 한다. 이 경우 자신의 긍정적 또는 부정적 감정을 적절하게 표현하는 자기표현 기술self-expression skill은 억제된 감정의 표출뿐만 아니라 효과적인 대인관계를 촉진하게 된다. 자기표현 기술에는 애정, 승인, 칭찬, 감사, 적절한 사과 등 긍정적 감정을 표현하는 것과 자신의 권리를 주장하고 자신의 이익을 위해 행동하는 것, 적절하게 자신의 불편함이나 분노를 표시하는 것 등의 부정적 표현이 포함된다.

우울한 사람 중에는 다른 사람의 부탁을 들어줄 수 없는데도 불구하고 거절하지 못하여 수락한 후 애만 쓰다가 결국은 부탁한 일을 해주지 못해 비난만 사게 되는 경우도 있다. 이런 경우는 필요할 때에는 타인의 요청을 거부할 수도 있고 때로는 타인에게 도움을 요청할 수 있는 자기주장 기술self-assertion skill이 필요한 것이다. 행동치료자는 이런 효과적인 사회적 행동의 습득을 통해 대인관계에서 긍정적 강화가 증가되고 부정적 경험이 감소하게 됨으로써 우울증이 극복될 수 있다고 본다.

2) 문제해결 기술의 개선

우울증이 발생하는 과정을 살펴보면, 일상생활에서 부딪치는 여러 가지 문제 상황을 적절하게 잘 해결하고 대처하지 못하여 부정적인 생활사건이 발생하게 되고 그 결과 우울증으로 이어지게 되는 경우가 많다. 어떤 사람은 지나치게 높은 기대와 목표를 설정하여 과제 수행에서 많은 어려움을 겪고 중간에 포기하거나 과제에 실패하여 좌절하는 경우가 있다.

또한 우울증 상태에서는 의욕과 활기가 저하되어 무기력해지므로 학업, 직장 업무, 가정일 등 현실적인 일을 하기가 힘들어지고 또한 소홀히 하게 된다. 그 결과 성적 불량, 업무성적 부진, 상사의 질책, 배우자의 비난 등의 새로운 부정적인 일이 발생하여 우울함이 증폭될 수가 있다. 따라서 일상적인 문제를 효과적으로 해결하고 대처할 수 있는 문제해결 기술problem solving skill을 배양하는 것이 중요하다.

이를 위해서 첫째, 자신이 해결해야 할 과제와 문제 상황을 잘 파악해야 한다. 과제나 문제 상황을 우선순위, 중요도, 난이도 등을 고려하여 체계적으로 정리하여 이해하는 것이 필요하다.

둘째, 문제해결의 목표를 실현 가능한 현실적 수준으로 설정해야 한다. 아무리 이상적이어도 실현하기 어려운 무리한 목표를 설정하면 실패하게 된다. 따라서 자신의 능력, 시간제한, 다른 과제와의 관계 등을 고려하여 현실적인 목표를 설정해야 한다.

셋째, 설정한 목표를 달성하기 위해서 필요한 과업을 구체적인 하위 과제로 나누어 실현 가능한 것부터 체계적이고 점진적으로 진행해나간다. 특히 우울한 상태에서는 성공 가능한 작은 과제부터 수행하여 성공 경험을 맛보는 것이 필요하다. 또한 우울증 상태에서는 평소보다 인지 능력이 저하될 수 있으므로 어려운 과제보다는 쉬운 과제부터 계획을 세워 하나씩 점진적으로 수행해나가는 것이 좋다. 과제 수행에 있어서 타인의 도움이 필요할 경우에는 타인에게 요청하여 도움을 얻는 것도 문제해결 기술의 중요한 부분이다.

마지막으로, 자신이 수행한 결과에 대해서 스스로 긍정적인 강화를 해주는 것이 필요하다. 누구나 모든 과제에서 항상 만족스러운 결과를 얻는 것은 아니다. 부족하고 불만족스러운 부분에 대해서 비판적인 태도를 취하기보다는, 자신이 노력하여 성취한 긍정적인 결과에 초점을 맞추어 자신의 노력을 스스로 치하하고 강화해주어야 한다.

3) 자기조절 기술의 증진

우울한 상태에 빠지게 되면 의욕이 저하되고 무기력해져서 평소보다 자기 자신을 조절하는 능력이 저하되고 삶을 자포자 기하는 상태로 전락할 수 있다. 이렇게 침체해가는 자신을 스스로 일으켜 세우는 일이 매우 중요하다. 이를 위해서 자기조절 기술self-control skill을 배양해야 한다. 자기조절 기술은 다음과 같이 몇 가지 하위 기술로 나누어질 수 있다.

첫째는 자기관찰self-monitoring이다. 이것은 자신의 기분, 행동, 사고를 관찰하는 일이다. 내가 언제, 어떤 상황에서, 어떤 기분(또는 행동, 사고)을 느끼는지를 스스로 관찰해보는 일이다. 행동치료자는 내담자에게 일과표를 주어 매일 시간대별로 기분의 변화를 기록하도록 권장하고 있다.

이러한 기록을 통해, 일과 속에서 특히 자신이 우울해지는 시간대와 상황을 자각하게 되고, 그러한 상황을 피하거나 새로운 활동을 함으로써 우울감을 감소시킬 수 있다. 자신은 늘하는 일마다 실패한다고 생각했던 사람이 이러한 기록을 통해서, 자신도 성공적으로 일을 수행하고 즐거운 경험을 할 때가 상당히 있다는 것을 깨닫고 기분이 변화되는 경우도 있다.

둘째는 자기평가self-evaluation다. 자기관찰 내용에 근거하여 자신의 장점과 단점을 스스로 평가하여 장점을 잘 활용하고 단점을 보완하는 노력이 필요하다. 자신의 대인관계 패턴, 문제 상황의 대처방식, 문제해결방법 등에 대해서도 나름대로 평가하고 아울러 자신의 생활에 대해서도 만족스러운 부분과 그렇지 않은 부분을 스스로 잘 평가하여 정리해본다. 이러한 자기평가를 통해 앞으로 어떻게 해야 하는지가 분명해질 수 있다.

셋째는 자기동기화self-motivating다. 자신이 어떻게 해야 현재의 불만족스러운 상황에서 벗어날 수 있는지 잘 알지만, 막상 실천에 옮기는 것이 어려울 때가 많다. 이때 행동을 실천에 옮길 수 있도록 자신의 동기를 스스로 강화하는 것이 중요하다.

흔히 '나는 할 수 없다' '그 일을 하기에는 어려운 과정이 너무나 많다' '아마도 실패할 것이다' '성공해도 내 삶에 별 변화는 없다' 라는 부정적 생각이 의욕을 꺾어버리는 경우가 많다.

이때 '나는 할 수 있다' '50%의 성공도 성공이다. 일단 시작해보자' '작은 변화가 나를 변화시킬 수 있다' '천리 길도 한 걸음부터'라는 혼잣말을 스스로에게 강하게 던짐으로써 자기동기화를 할 수 있다.

마지막으로 자기강화self-reinforcement 또는 자기보상self-rewarding을 하는 방법이다. 이것은 실행한 행동의 결과에 대해서 긍정적으로 자신을 스스로 치하하고 보상을 해주는 것이다.

우울한 사람 중에는 자기보상에 인색한 사람이 많다. 자신이 한 행동에 대해서 부정적으로 평가하고 스스로 실망하고 자책하게 되면 또다시 행동할 의욕이 꺾이고 무기력해진다.

행동의 결과가 100% 만족스러운 경우는 거의 없다. 또한 100% 실패하는 경우도 드물다. 50%의 실패는 50%의 성공을 의미한다. 50%의 성공을 거둔 자신의 노력을 높이 평가하여 치하하고 나머지 50%를 보완하기 위한 노력을 기울이고 격려를 해주는 것이 자기발전을 위해서 효과적이다.

시험에서 50점을 받은 자녀에게 "50점밖에 받지 못했으니 나가 죽어라"라고 야단을 치는 부모와, "50점도 잘했다. 다음에는 더 잘할 수 있을 거야"라고 격려해주는 부모의 자녀 중 누가 앞으로 좋은 학생이 되겠는가?

우리 자신에 대해서도 마찬가지다. 이렇게 스스로 자신을 격려하고 보상해줌으로써 힘을 얻어 더 적극적으로 삶을 헤쳐 나갈 수 있는 것이다. ◆

9. 사회적 자원 활용하기

　우리는 사회적 관계 속에서 타인과 도움을 주고받으며 살아간다. 우리가 곤경에 빠졌을 때 우리를 도와주고 또 우리가 도움을 요청할 수 있는 지원 세력을 사회적 자원social resource이라고 한다. 사회적 자원은 우리가 맺고 있는 대인관계망의 구성원으로서 가족, 친인척, 배우자, 친구, 동료, 전문가 등이 포함된다. 이러한 사회적 자원의 도움을 사회적 지지social support라고 한다. 사회적 지지는 사회적 자원이 우리에게 제공해주는 심리적 친근감, 소속감, 유대감, 존중, 돌봄, 도움, 정보 제공, 물질 제공 등을 의미한다. 사회적 지지는 우리에게 심리적 안정감을 준다.

　평소에 사회적 자원은 우리에게 긍정적 강화를 제공하여 자존감과 행복감을 유지해준다. 또한 어떤 어려움이 닥쳐도 주변 사람들이 지켜주고 도와줄 거라는 확신이 있으면 이겨낼 수 있다. 이렇듯이 삶에 있어서 사회적 자원은 매우 중요한 역할을 한다. 깊고 넓은 사회적 관계를 통해 친밀하고 안정된 사회적 자원을 구축하는 일이 중요하다.

사회적 지지는 부정적 생활 스트레스로부터 개인을 보호해주는 완충장치의 역할을 한다. 사회적 자원이 풍부하면 부정적 생활사건이 덜 위협적인 것으로 느껴질 뿐만 아니라 정서적 지원과 실질적 도움(정보 제공, 금전 제공 등)을 통해 어려운 상황을 잘 헤쳐나갈 수 있다. 우울증을 극복하기 위해서는 이러한 사회적 자원을 적극적으로 잘 활용하는 것이 중요하다.

1) 주변 사람들의 도움 받기

우울해지면 사람 만나기를 기피하는 경향이 생겨난다. 기분이 침울해지면 사람을 만나도 즐겁지가 않기 때문이다. 또한 우울하고 초라한 자신의 모습을 다른 사람에게 보이고 싶지 않기 때문이다. 아울러 우울한 상태에서는 사람들에 대한 부정적 생각이 증가하여, 친밀한 사람도 이기적이고 위선적으로 느껴지며, 겉으로는 위로를 해주지만 속으로는 자신을 비웃을 것이라는 생각이 늘어난다. 따라서 다른 사람의 도움을 얻기 위한 노력을 스스로 포기하게 된다.

그러나 우울증을 극복하기 위해서는 주변 사람들과의 지속적인 접촉을 통해 도움을 받아야 한다. 주변 사람들에게 자신이 겪는 어려움을 털어놓고 이야기하는 것이 좋다. 가능하면 자신을 잘 아는 신뢰로운 사람과 솔직하게 어려움을 상의하는 것이 좋다.

무엇보다도 자신의 어려움을 타인에게 털어놓는 행위 자체가 무거운 마음을 경감시켜준다. 무거운 마음을 타인에게 이야기하는 것은 정서적 발산과 정화의 효과가 있다. 특히 상대방이 나의 어려움을 잘 이해해줄 때는 이러한 효과가 더욱 커진다. 설혹 문제해결의 실질적 도움을 받지 못한다 하더라도, 허심탄회한 대화는 커다란 심리적 지지와 위안이 될 수 있다.

둘째, 자신의 문제를 다른 방향에서 이해할 수 있는 새로운 시각을 얻을 수 있다. 우울한 상태에서는 문제상황을 다양한 측면에서 유연하게 바라보지 못하고 부정적인 편향적 생각에 집착하는 경향이 있다. 이때 다른 사람과의 대화를 통해서 미처 자신이 생각하지 못하고 간과했던 점들을 포착할 수 있다. 좀 더 객관적인 입장에서 자신이 겪는 문제를 바라볼 수 있는 새로운 관점과 견해를 얻을 수도 있다.

셋째, 다른 사람으로부터 문제해결의 실마리를 얻을 수 있다. 우울한 상태에서는 자신의 문제가 해결될 수 없는 것처럼 느껴진다. 이렇게 느껴지는 한 가지 이유는 우울증 상태로 인해 다양한 문제해결 가능성을 생각하지 못하게 하는 협소한

동굴시야tunnel vision가 형성되기 때문이다. 그러나 "하늘이 무너져도 솟아날 구멍이 있다"라는 속담처럼, 아무리 절망적인 상황에서도 해결의 실마리는 분명히 존재한다. 다만 우리가 그 해결책을 찾지 못할 뿐이다. 때로는 다른 사람으로부터 뜻밖의 구체적인 해결책을 얻을 수도 있다.

마지막으로, 고민을 털어놓는 상대방과의 인간관계가 더욱 친해지고 깊어질 수 있다. 누군가가 고민을 털어놓고 상의를 해온다는 것은 나를 가깝게 여기고 신뢰한다는 표시다. 따라서 상대방은 귀찮고 부담스럽게 여기기보다 오히려 자신을 신뢰한다는 점에서 고맙게 여기게 된다. 서로의 고민을 털어놓고 교환하는 과정에서 서로에 대한 이해가 깊어지고 인간관계가 더 깊어지는 것이다.

다른 사람에게 나의 어려움과 고민을 상의하는 것은 결코 자존심 상하는 부끄러운 일이 아니다. 힘들 때 다른 사람에게 솔직히 도움을 요청하는 것은 성숙한 사람의 모습이다. 또한 인생에서 어려움을 겪어본 사람만이 타인을 진정으로 도와줄 수 있는 능력이 배양되는 것이다. 정신건강 전문가 중에는 과거에 심리적 고통과 어려움을 경험한 사람들이 많다. 자신의 고통스러운 경험을 통해서 타인을 이해하고 도와주는 일이 중요하고 보람 있다는 것을 체험했기 때문이다.

우리의 인생은 서로 도움을 주고받는 과정이라고 할 수 있다. "백지장도 맞들면 가벼워진다"라는 속담처럼, 어려움이 있을 때 도움을 요청하고 어려움을 당하는 사람을 도와주는 삶은 아름답다. 타인의 말 한마디가 커다란 위로와 해결의 실마리를 제공하는 경우가 많다. 우리가 마음을 열고 다가간다면 우리를 이해하고 도와줄 따뜻한 마음을 지닌 사람들이 주변에는 많다.

2) 정신건강 전문가의 도움 받기

때로는 주변에 도움을 요청할 마땅한 사람이 없는 경우가 있다. 또한 주변 사람들의 도움이 오히려 우울증 극복에 도움이 되지 않는 경우도 있다. 개인적으로 우울증을 극복하려는 노력을 기울여보았지만 어려움이 계속될 수도 있다. 이런 경우에는 전문가의 도움을 받는 것이 현명하다.

우리 사회에는 심리적 장애를 지닌 사람을 돕기 위한 전문가들이 많다. 이러한 전문가들은 중요한 사회적 자원의 하나다. 정신건강 전문가에는 임상심리사, 상담심리사, 정신과 의사, 임상사회복지사 등이 있다. 이러한 전문가들은 개인이 처한 심리적 어려움을 좀 더 객관적이고 심층적으로 파악할 수 있는 능력을 지니고 있다. 뿐만 아니라 보다 전문적이고 체계적이며 구체적인 방법을 제시하여 실질적인 도움을 줄 수 있다.

　　대학생의 경우에는 학생상담소(또는 학생생활연구소)에서 전문가의 도움을 받을 수 있다. 여기서는 어려움을 겪는 학생들에게 무료로 전문적인 상담을 해주고 있다. 일반인의 경우에는 정신건강 전문가가 개설하고 있는 상담소나 진료소에서 도움을 받을 수 있다. 뿐만 아니라 정부 또는 사회봉사단체에서 운영하는 상담기관에서도 전문가의 도움을 받을 수도 있다.

　　도움을 받을 수 있음에도 도움을 외면하여 심리적 문제를 악화시키고 스스로 고통을 가중시킬 필요는 없다. 심리적 문제에 대해서 전문가에게 도움을 요청하는 일은 결코 부끄러운 일이 아니라 오히려 용기 있는 행동이다. ◆

참고문헌

권석만(2012). 현대 심리치료와 상담 이론. 서울: 학지사.
권석만(2013). 현대 이상심리학(2판). 서울: 학지사.
권석만(2014). 이상심리학의 기초. 서울: 학지사.

Abraham, K. (1927). Notes on the psycho-analytical investigation and treatment of manic-depressive insanity and allied conditions. In K. Abraham (Ed.), *Selected papers of Karl Abraham* (pp. 137–156). London: Hogarth.

Abramson, L. Y., Ally, L. B., & Metalsky, G. I. (1988). The cognitive diathesis-stess theories of depression: Towards an adequate evaluation of the theories validities. In L. B. Alloy (Ed.), *Cognitive processes in depression* (pp. 3–30). New York: Guilford.

Abramson, L. Y., Seligman, M. E. P., & Teasdale, J. D. (1978). Learned helplessness in humans: Critique and reformulation. *Journal of Abnormal Psychology, 87,* 32–48.

American Psychiatric Association. (2013). *Diagnostic and statistical manual of mental disorders* (5th ed.). Washington, DC: Author.

Beck, A. T. (1967). *Depression: clinical, experimental and theoretical aspects*. New York: Harper & Row.

Beck, A. T. (1976). *Cognitive therapy and emotional disorders*. New York: International Universities Press.

Beck, A. T., Rush, A. J., Shaw, B. F., & Emery, G. (1979). *Cognitive therapy of depression*. New York: Guilford. (원호택 등 공역. 《우울증의 인지치료》. 서울: 학지사, 1996).

Bibring, E. (1953). The mechanism of depression. In P. Greenacre (Ed.), *Affective disorders: Psychoanalytic contributions to their study* (pp. 13-48). New York: International Universities Press.

Coyne, J. C. (1976). Toward an interactional description of depression. *Psychiatry, 39*, 28-40.

Higgins, E. T. (1987). Self-discrepancy: A theory relating self and affect. *Psychological Review, 94*, 319-340.

Ingram, R. E. (1984). Toward an information processing analysis of depression. *Cognitive Therapy and Research, 8*, 443-477.

Klerman, G. L., Weissman, M. M., Rounsaville, B., & Chevron, E. (1984). *Interpersonal Psychotherapy for Depression*. New York: Basic Books.

Lewinsohn, P. M., Antonuccio, D. O., Steinmetz, J. L., & Teri, L. (1984). *The coping with depression course: A psycho-educational intervention for unipolar depression*. Eugene, OR: Castilia Publishing.

Linville, P. W. (1987). Self-complexity as a cognitive buffer against stress-related illness and depression. *Journal of Personality and Social Psychology, 52*, 663-676.

Rosenthal, M. S. (2002). *50 ways to fight depression without drugs.* New York: McGraw-Hill. (이훈진 등 공역.《약없이 우울증과 싸우는 50가지 방법》. 서울: 학지사, 2007).

Schwartz, R. M. (1986). The internal dialogue: On the asymmetry between positive and negative coping thoughts. *Cognitive Therapy and Research, 10*, 591-605.

Segal, Z. V., Williams, M. G., & Teasdale, J. D. (2002). *Mindfulness-based cognitive therapy for depression: A new approach to preventing relapse.* New York: The Guilford Press. (이우경, 조선미, 황태연 공역.《마음챙김 명상에 기초한 인지치료》. 서울: 학지사, 2006).

Seligman, M. E. P. (1975). *Helplessness: On Depression, Development, and Death.* San Francisco: W. H. Freeman.

Stricker, G. (1983). Some issues in psychodynamic treatment of the depressed patient. *Professional Psychology: Research and Practice, 14*, 209-217.

Teasdale, J. (1999). Metacognition, mindfulness and the modification of mood disorders. *Clinical Psychology and Psychotherapy, 6*, 146-155.

Zimbardo, P. G., & Weber, A. L. (1997). *Psychology* (2nd ed.). New York: Longman.

찾아보기

《인 명》

Abraham, K. 54, 66
Abramson, L. Y. 79

Beck, A. T. 57, 86, 136
Bibring, E. 54, 68

Clark, D. 57
Coyne, J. C. 55, 75

Ellis, A. 57

Ferster, C. 55
Frankl, V. 161
Freud, S. 54, 65, 141

Higgins, E. T. 119

Ingram, R. E. 120

James, W. 113

Klerman, G. L. 144

Lewinsohn, P. M. 55, 72
Linville, P. W. 114

Schwartz, R. M. 91
Seligman, M. E. P. 77
Skinner, B. F. 55
Striker, J. 54, 68

Teasdale, J. D. 138

《내 용》

A-B-C 기법 171
DSM-5 35
MAO 억제제 150
MBCT 138

계절성 우울증 34

광선치료 152

내인성 우울증 32

단극성 우울증 31
대인관계 심리치료 144

덱사메타손 억제검사 131

마음챙김에 근거한 인지치료 138
무망감 이론 84

사회적 기술 74, 221
사회적 지지 228
산후 우울증 34
삼환계 항우울제 150
생물학적 이론 57
선택적 세로토닌 재흡수 억제제 150
시점 유병률 42
신경증적 우울증 33

약물치료 150, 219
양극성 우울증 31
역기능적 신념 104, 106, 192, 195, 199
외인성 우울증 32
우울유발적 귀인 83
우울장애 35
우울증 23, 28, 31, 41, 53
우울증의 귀인 이론 79
우울증의 인지 이론 86
우울증의 정보그물망 이론 120, 121
월경전기 불쾌장애 38
위장된 우울증 34
의미치료 161
이상적 자기 115
이차적 우울증 34
인본주의적 치료 148
인지 이론 56, 86
인지도식 104
인지삼제 89

인지적 오류 93, 94
인지적 취약성-스트레스 모형 109
인지치료 136
인지행동치료 141
일차적 우울증 34

자기개념 112
자기괴리 이론 119
자기기억 119
자기복잡성 이론 114
자동적 사고 87, 88
자동적 사고척도 175
자살 46
전기충격치료 152
정신분석 이론 54, 65
정신역동적 치료 141
정신증적 우울증 33
주요 우울장애 35
지속성 우울장애 37
지체성 우울증 34

초조성 우울증 34

카테콜아민 가설 128

특수 상호작용 모델 108

파괴적 기분조절곤란 장애 39
평생 유병률 41

하향화살표 기법 195
학습된 무기력 이론 77
항우울제 219
행동주의 이론 55, 70
행동치료 146
현실적 자기 115

◎ 저자 소개

권석만(Kwon, Seok-Man)

서울대학교 심리학과를 졸업하고 동 대학원에서 임상심리학 석사과정을
이수한 후 서울대학교병원 신경정신과에서 임상심리연수원 과정을 수료
하였으며, 오스트레일리아의 퀸즐랜드 대학교에서 철학박사학위(임상심
리학 전공)를 취득하였다. 현재 서울대학교 심리학과 교수로 재직하고 있
으며, (사)서울대학교출판문화원 원장을 맡고 있다. 서울대학교 학생생활
연구소 상담부장, 대학생활문화원장, 사회과학대학 부학장, 한국임상심
리학회 회장을 역임한 바 있다. 한국심리학회 공인 임상심리전문가이자
보건복지부 공인 정신보건 임상심리사(1급)이며, 주요 저서로는 『현대 성
격심리학』『현대 이상심리학』(2판), 『이상심리학의 기초』『현대 심리치
료와 상담 이론』『긍정심리학: 행복의 과학적 탐구』『인간의 긍정적 성
품: 긍정심리학의 관점』『젊은이를 위한 인간관계의 심리학』(개정증보
판) 등이 있고, 주요 역서로는 『마음읽기: 공감과 이해의 심리학』『아론
벡: 인지치료의 창시자』『정신분석적 사례이해』(공역), 『정신분석적 심리
치료』(공역), 『단기 심리치료』(공역) 등이 있다.

ABNORMAL PSYCHOLOGY 2

우울증 침체와 절망의 늪

Depression

2016년 3월 30일 2판 1쇄 발행
2024년 3월 25일 2판 5쇄 발행

지은이 • 권 석 만
펴낸이 • 김 진 환

펴낸곳 • ㈜ **학지사**

　　　　04031 서울특별시 마포구 양화로 15길 20 마인드월드빌딩 5층

대표전화 • 02) 330-5114　　　팩스 • 02) 324-2345

등록번호 • 제313-2006-000265호

홈페이지 • http://www.hakjisa.co.kr
인스타그램 • https://www.instagram.com/hakjisabook

ISBN 978-89-997-1002-5 94180
　　　978-89-997-1000-1 (set)

정가 **9,500원**

출판미디어기업 **학지사**

간호보건의학출판 **학지사메디컬** www.hakjisamd.co.kr
심리검사연구소 **인싸이트** www.inpsyt.co.kr
학술논문서비스 **뉴논문** www.newnonmun.com
원격교육연수원 **카운피아** www.counpia.com